# PASTEL

*et ses éclats*

Édition : Catherine Bédard
Design graphique et infographie : Christine Hébert
Traitement des images : Johane Lemay
Révision : Brigitte Lépine
Correction : Odile Dallaserra

Toutes les photos sont de Valérie Gay-Bessette
à l'exception de celles-ci :
Shutterstock : p. 26, p. 38.
Emma Verde : p. 51, p. 53, p. 54, p. 57, p. 58, p. 60, p. 61, p. 63, p. 64, p. 66, p. 69, p. 72, p. 73, p. 79, p. 84, p. 88 (bd), p. 116, p. 117, p. 119, p. 120, p. 122, p. 123, p. 128, p. 129, p. 132, p. 135, p. 136, p. 137, p. 139, p. 140, p. 141, p. 143, p. 147, p. 215, p. 217, p. 220, p. 225.
Cam Grande Brune : p. 88 (hg) ; PL Cloutier : p. 88 (hd) ; Élie Duquet : p. 88 (cg) ; Amélie Barbeau : p. 88 (cd) ; Jessibouu : p. 88 (bg).

Catalogage avant publication de Bibliothèque et Archives nationales du Québec et Bibliothèque et Archives Canada

Verde, Emma, auteur

Pastel et ses éclats / Emma Verde.

ISBN 978-2-7619-5060-2

1. Verde, Emma - Blogues. 2. YouTube (Ressource électronique). 3. Blogues vidéo - Québec (Province). 4. Jeunes adultes - Morale pratique. 5. Vedettes du Web - Québec (Province) - Biographies. I. Titre.

TK5105.8868.Y68V47 2018 070.5'79734092 C2018-942200-9

SUIVEZ-NOUS SUR LE WEB
Consultez nos sites Internet et inscrivez-vous à l'infolettre pour rester informé en tout temps de nos publications et de nos concours en ligne. Et croisez aussi vos auteurs préférés et notre équipe sur nos blogues !

EDITIONS-HOMME.COM · EDITIONS-JOUR.COM
EDITIONS-PETITHOMME.COM · EDITIONS-LAGRIFFE.COM
RECTOVERSO-EDITEUR.COM · QUEBEC-LIVRES.COM
EDITIONS-LASEMAINE.COM

10-18

Imprimé en Europe



Dépôt légal : 2018
Bibliothèque et Archives nationales du Québec
ISBN (version papier) 978-2-7619-5060-2
ISBN (version numérique) 978-2-7619-5130-2

DISTRIBUTEURS EXCLUSIFS :
Pour le Canada et les États-Unis :
MESSAGERIES ADP inc.*
Téléphone : 450-640-1237
Internet : www.messageries-adp.com
* filiale du Groupe Sogides inc., filiale de Québecor Média inc.
Pour la France et les autres pays :
INTERFORUM editis
Téléphone : 33 (0) 1 49 59 11 56/91
Service commandes France Métropolitaine
Téléphone : 33 (0) 2 38 32 71 00
Internet : www.interforum.fr
Service commandes Export – DOM-TOM
Internet : www.interforum.fr
Courriel : cdes-export@interforum.fr
Pour la Suisse :
INTERFORUM editis SUISSE
Téléphone : 41 (0) 26 460 80 60
Internet : www.interforumsuisse.ch
Courriel : office@interforumsuisse.ch
Distributeur : OLF S.A.
Commandes :
Téléphone : 41 (0) 26 467 53 33
Internet : www.olf.ch
Courriel : information@olf.ch
Pour la Belgique et le Luxembourg :
INTERFORUM BENELUX S.A.
Téléphone : 32 (0) 10 42 03 20
Internet : www.interforum.be
Courriel : info@interforum.be

Gouvernement du Québec – Programme de crédit d'impôt pour l'édition de livres – Gestion SODEC –
www.sodec.gouv.qc.ca

L'Éditeur bénéficie du soutien de la Société de développement des entreprises culturelles du Québec pour son programme d'édition.

Conseil des Arts du Canada | Canada Council for the Arts

Nous remercions le Conseil des Arts du Canada de l'aide accordée à notre programme de publication.

Financé par le gouvernement du Canada
Funded by the Government of Canada
Canada

Nous reconnaissons l'aide financière du gouvernement du Canada par l'entremise du Fonds du livre du Canada pour nos activités d'édition.

Emma Verde

# PASTEL

## *et ses éclats*

LES ÉDITIONS DE L'HOMME
Une société de Québecor Média

# Table des matières

# Introduction

Il s'est écoulé deux ans depuis la parution de mon premier livre ! Tellement de choses se sont passées. J'ai lancé une première collection de papeterie, puis une deuxième ; j'ai réalisé mon rêve de dessiner une ligne de vêtements ; j'ai beaucoup voyagé et rencontré plein de nouvelles personnes. À travers tout ça, j'en ai appris beaucoup plus sur moi-même et sur tous les différents aspects de ma vie.

Tous ces changements ont influencé le livre que vous tenez entre vos mains. Je vous raconte mes anecdotes de voyage, des trucs de coiffure et les passages sur l'envers du décor de mon quotidien. Vous y trouverez également mes trucs pour bien décorer un appartement, mes recettes préférées, mes suggestions pour vivre une vie équilibrée malgré les obligations et mon parcours d'entrepreneure. En fait, ce livre, c'est un peu toutes mes passions réunies. Je vous laisse découvrir le reste !

Il y a une chose qui n'a pas changé depuis le temps et c'est votre soutien. Vous êtes tellement nombreux à continuer de me suivre un peu partout et à m'appuyer à fond dans mes projets ! J'en suis vraiment reconnaissante. C'est à la fois encourageant et rassurant. Merci d'être vous. J'ai très hâte de revenir en librairie pour vous revoir !

Bonne lecture,
Emma

# DÉCORATION

## *Transformer son appart en board Pinterest*

Selon moi, il n'y a pas de règles en décoration. Je pense qu'il y a quelques trucs dont on peut se servir pour rendre un espace plus agréable, mais il faut surtout respecter ses goûts et créer un environnement dans lequel on se sent bien. Certaines personnes aiment vivre dans un espace épuré alors que d'autres aiment accumuler des tonnes d'objets avec le temps. Certains adorent le blanc et d'autres ont envie de mettre de la couleur partout.

C'est donc difficile d'imposer des règles à respecter ! Je pense qu'il faut y aller avec son *feeling*, faire des tests et voir ce qu'on préfère.

Aménager un appartement ou une maison, c'est long. On dirait qu'il y a toujours un coin incomplet, un mur un peu trop nu ou une pièce dont on n'est jamais satisfait. C'est un peu ce que j'aime de la déco d'un espace : ça ne se fait pas du jour au lendemain. Un décor tout droit sorti d'un magazine, c'est magnifique, mais je préfère qu'on sente la spécificité d'un endroit. Je trouve un endroit beau quand il a une personnalité, quand on peut apercevoir des souvenirs ramenés d'un peu partout, des livres, des photos, de vieux meubles qui servent depuis longtemps et des nouveautés.

Les lieux où je passe beaucoup de temps ont un réel impact sur la façon dont je me sens au quotidien. C'est important qu'ils me plaisent. J'ai une vie assez mouvementée et, quand je rentre chez moi, j'ai besoin d'être bien. Au moment où j'écris ce chapitre, je suis justement en train de relooker certains coins de mon appartement. Je jongle entre mon texte et mes sites de décoration préférés, et j'écris mes conseils au fur et à mesure de mon magasinage. #RIPportefeuille

## Mes erreurs en déco

Il n'y a pas deux appartements pareils dans le monde (ou, enfin, ils sont rares !). Une erreur fréquente est de penser qu'on arrivera à reproduire un décor à la perfection. À moins d'être très chanceux, c'est à peu près certain que votre salon ne sera pas identique aux photos Pinterest que vous avez enregistrées ! Il ne sert à rien d'être fâché ou déçu parce que ce qu'on a fait ne ressemble pas exactement à ce que l'on avait en tête. Il faut être patient et essayer plusieurs choses. Il y a des chances que ce ne soit pas parfait dès le début, mais que ce soit déjà mieux simplement en changeant le style des rideaux ou en ajoutant quelques éléments de décoration.

*À moins d'être très chanceux, c'est à peu près certain que votre salon ne sera pas identique aux photos Pinterest que vous avez enregistrées !*

Enfin, si vous vivez dans un endroit qui ne vous appartient pas, assurez-vous d'avoir la permission du propriétaire avant de faire des changements dans votre appartement. Certains propriétaires peuvent refuser que vous peigniez les murs ou que vous plantiez des clous dedans. Dans ce cas, il vaut mieux trouver des solutions de rechange. Il existe plusieurs façons d'afficher des décorations sur un mur sans nécessairement faire un trou, comme des crochets bien solides qui adhèrent aux murs grâce à un adhésif qui n'abîme pas la peinture. Dans tous les cas, ne faites pas comme moi ! Quand j'ai emménagé dans mon premier appart, je souhaitais vraiment poser une tablette, mais... je ne savais pas comment utiliser une perceuse. J'ai tellement abîmé le mur ! LOL !

## Mes favoris

Voici mes éléments de déco favoris dans mon appartement. Ces petites choses pourraient vous inspirer (si vous avez les mêmes goûts que moi) !

De belles affiches. Je TRIPE sur les affiches. Je cherche tout le temps de nouvelles affiches originales, qui représentent mon style. J'aime surtout les dessins et les citations. En plus, elles sont super faciles à changer et permettent de créer un nouveau décor rapidement. Voici quelques tableaux que j'adore dans mon appartement.

Des tablettes. Les tablettes sont pratiques et très faciles à installer ! J'aime surtout celles en bois, que j'achète pour pas trop cher chez Ikea. Je trouve que cela remplit bien un mur lorsqu'on y pose quelques décorations, cadres et plantes.

Toujours plus de succulentes. Je l'ai dit précédemment, les plantes, c'est ma vie. Haha ! De toutes les plantes, ce sont les succulentes que je préfère. Je les trouve si *cutie*. Ma grosse collection ne cesse de s'agrandir. J'en achète une de temps en temps et je l'ajoute à la petite famille de plantes. J'adore aussi les fleurs séchées.

Un tourne-disque. J'aime beaucoup écouter de la musique quand je suis seule chez moi. J'aime bien le son du tourne-disque, qui ajoute une belle touche rétro.

Des bougies. C'est un indispensable dans ma déco pour l'ambiance super chaleureuse et les bonnes odeurs qu'elles apportent. J'en achète tout le temps. J'adore choisir des bougies qui sont dans de jolis pots que je peux ensuite réutiliser en vaisselle. J'en mets surtout dans les espaces plus *cosy* de l'appartement, comme le salon et la salle de bain.

Des couvertures et des coussins PARTOUT. Indispensables. Indispensables. Indispensables. C'est si confortable ! Ai-je besoin d'en dire plus ?

## Trucs et astuces

*Prendre son temps*. Quand on décore et qu'on est difficile comme moi, c'est impossible de tout trouver d'un coup. Je prends vraiment mon temps pour que chaque coin soit à mon goût. Quand je regarde mon appart, je vois un ensemble d'objets, d'accessoires et de meubles que j'ai accumulés avec le temps qui viennent d'un peu partout. C'est chouette d'acheter les différents éléments de décor petit à petit, sans se précipiter. Ça fait moins mal au portefeuille et ça permet de bien réfléchir à l'effet qu'on veut obtenir.

*Choisir un thème de couleurs*. Dans mes premiers appartements, j'avais tendance à acheter un peu n'importe quoi, sans me préoccuper d'agencer les éléments de mon décor. Évidemment, je trouvais magnifique chaque chose que j'achetais, mais une fois tous ces éléments placés ensemble dans la même pièce, je trouvais le résultat final un peu spécial, sans trop comprendre pourquoi. Avoir un thème de couleurs ou de motifs peut aider à harmoniser les coups de cœur. Par exemple, on peut choisir des couleurs pastel, comme bleu, pêche et rose, et ajouter des accents de bois et de doré (OK, je viens de décrire mon appart). En gros, essayez de créer un thème et de le respecter à peu près.

*Favoriser les couleurs pâles pour les murs des petits espaces.* J'ai toujours eu des appartements relativement petits et j'ai fini par remarquer que le fait de garder les murs blancs ou pâles donne un résultat moins chargé et plus épuré. On a alors l'impression que c'est plus grand ! C'est un truc que j'ai gardé avec le temps. Je changerai peut-être d'idée un jour et commencerai à appliquer des couleurs foncées sur mes murs, mais pour l'instant, j'adore le pastel. Je trouve que mes espaces semblent plus grands et plus lumineux. Je vous conseille de l'adopter si vous vivez dans un petit appartement.

*Oser le papier peint.* Si vous en avez assez des murs blancs, c'est le meilleur truc pour redonner du pep à un appartement sans faire de changements majeurs. Ne vous inquiétez pas, il existe maintenant des papiers peints qu'on peut retirer très facilement. On est loin des papiers peints qu'il fallait gratter pendant des heures pour réussir à les enlever ! C'est une belle solution de rechange à la peinture et ça permet d'ajouter facilement du punch, que ce soit à petites doses ou sur une plus grande surface. J'avais un petit mur dans mon salon parfait qui s'y prêtait bien et je n'ai pas hésité ! Je trouve que ça ajoute beaucoup de style à n'importe quelle pièce sans trop d'efforts.

Crosley

**Habiller les murs avec des tablettes et des cadres**. Je pense que c'est mon truc favori. Je suis devenue une pro des tablettes, haha ! Je trouve qu'elles remplissent bien les murs et j'adore dénicher des objets pour les garnir. Quelques tablettes bien décorées et des cadres, c'est parfait pour créer un bel arrangement mural.

**Poser des rideaux de la bonne taille.** Poser des rideaux trop courts, c'est un faux pas en décoration. En effet, lorsque les rideaux sont de la bonne taille par rapport à la fenêtre qu'ils habillent, les murs semblent bien plus grands et la pièce, plus spacieuse. Personnellement, je trouve que c'est super beau quand ils traînent un peu par terre.

**Choisir un tapis d'une dimension adaptée.** Dans la même lignée, il faut choisir un tapis de la bonne taille (si vous en voulez un). Trop petit, il donnera l'impression que la pièce l'est aussi. Trop grand, les meubles auront l'air disproportionnés. Ne faites pas la même erreur que moi : un tapis blanc, avec un chien, ce n'est pas la meilleure des idées. Mila va très souvent dehors et, quand elle en revient, elle aime faire de grosses siestes dessus. Mon joli tapis blanc est vite devenu gris. C'est un élément à considérer quand on a des animaux ! Haha !

**Adopter les grands miroirs**. J'ai toujours eu de grands miroirs dans mes appartements. Ils donnent l'impression qu'une pièce est vraiment plus grande qu'elle ne l'est en réalité et créent des espaces plus lumineux en reflétant la lumière provenant des fenêtres. C'est parfait pour un petit appart qui manque de lumière. C'est aussi pratique d'avoir un grand miroir si vous aimez prendre des photos *OOTD* avant de partir le matin. #TrucDeBlogueuse

**Embellir ses meubles**. Je ne suis clairement pas la plus douée en termes de rénovation de meubles. J'aime les *DIY*, mais si je dois toucher à une perceuse ou un marteau... bof ! J'ai donc développé quelques trucs simples pour revamper mes meubles défraîchis ou achetés à prix modique. L'un de ceux-ci consiste à en changer les poignées. J'en trouve de très jolies dans les magasins de décoration du boulevard Saint-Laurent à Montréal, comme V de V ou Vestibule (deux de mes prefs). On peut également peindre une partie ou la totalité d'un meuble pour le rafraîchir ou l'harmoniser avec le reste du décor. Ça ne coûte pas bien cher et ça peut complètement changer le *look* d'une pièce.

**Ajouter des plantes**. S'il n'en tenait qu'à moi, mon appartement aurait l'air d'une jungle et j'en serais bien contente ! On dirait que je suis de meilleure humeur quand je suis entourée de vraies plantes. Petit *DIY* facile : si vous souhaitez avoir un coin « jardinage » à la maison, je vous conseille d'acheter un tabouret. Il reste ensuite à le remplir de plantes, des cactus par exemple. Je trouve ça trop cute, on dirait une petite famille. Haha !

THE KINFOLK HOME

EDITION PAPIER
Sending Love
FROM C
JACK'S WIFE FREDA

**Personnaliser l'espace.** En plus des jolis éléments de décor bien agencés, j'aime avoir dans mon appart des objets qui me font sentir chez moi, comme des photos de gens que j'aime, des souvenirs, des choses dont je suis fière, qui me rappellent de beaux moments ou des cadeaux de ma famille. J'aime être entourée de plein de petites choses qui me tiennent à cœur. Il y a plusieurs façons de mettre ceux-ci en valeur. Personnellement, j'ai récemment acheté une grille d'inspiration (vous avez dû en voir sur Pinterest, parce que c'est un *DIY* très à la mode). J'ai acheté une grille que j'ai installée sur mon mur et, avec de petites épingles, j'y accroche des photos, des souvenirs ou des images qui m'inspirent.

**Décorer le vestibule.** On en fait rarement une priorité, mais c'est pourtant la première pièce que l'on voit en rentrant à la maison. J'ai vraiment eu du mal à créer un beau hall d'entrée dans mon appartement, parce qu'il est minuscule et étroit. Pendant un bon moment, je ne m'en suis simplement pas occupée. Je n'avais pas d'endroit pour enlever mes chaussures et mon manteau. J'ai finalement ajouté un banc pour m'asseoir, des crochets pour suspendre mes vêtements et une petite table vide-poches pour déposer le courrier, mes clés et mon portefeuille. C'est tellement plus simple pour tout trouver avant de partir ! Je trouve que ça fait une différence dans ma vie de tous les jours. J'ai aussi égayé les murs en ajoutant des cadres et des décorations.

# PEINES
*C'est loin d'être la fin du monde*
# D'AMOUR

La mauvaise nouvelle : ça va faire mal. La bonne nouvelle : ce n'est pas pour toujours. J'ai écrit ce chapitre comme si je parlais à une amie qui venait tout juste de rompre avec son copain, mais, évidemment, il s'adresse à tout le monde. Un *break up* fait toujours mal, peu importe le genre ou l'orientation sexuelle. Vois ce chapitre comme un guide de survie pour passer à travers la pire peine d'amour de ta vie. OK, j'exagère peut-être ! Vois ce chapitre comme de bons conseils qui vont peut-être améliorer un peu les choses et mettre un baume sur ton petit cœur.

Une vraie de vraie rupture, c'est comme la fin du monde. Tout semble s'écrouler autour de toi (il se peut que ce ne soit pas le cas, mais c'est souvent la fin du monde, LOL). Ce qui est décourageant (et rassurant à la fois), c'est qu'on finit tous par passer par là, tôt ou tard. Ton entourage est donc compatissant, mais en même temps… personne ne sait trop quoi te dire. Les phrases comme « Le temps arrange les choses », « Ça va passer », « Il y en a plein d'autres » ou « Ce n'est pas si grave, on va te changer les idées » ne sont jamais bien réconfortantes, malgré les bonnes intentions. Tes proches ont quand même raison sur un point : ça va passer. Pour guérir d'une séparation, il faut des distractions et du temps. C'est difficile à croire lorsqu'on la vit, mais le temps guérit **vraiment** les choses. On ne dit pas ça pour rien : c'est vrai.

## Les étapes

Les premières journées après un *break up* sont vraiment les plus éprouvantes, mais dis-toi que tu n'auras plus à les revivre une fois qu'elles seront passées. Commence par pleurer toutes les larmes de ton corps. Appelle une personne de confiance ou un membre de ta famille pour parler et expliquer ce qui s'est passé. L'idéal serait que quelqu'un soit avec toi pour t'écouter et te réconforter, parce que c'est pénible d'être seule dans ces moments-là. Si personne ne peut se déplacer, sors un peu pour changer d'air. Pendant ce temps, évite de contacter la personne, surtout si vous vous êtes déjà tout expliqué et avez mis les choses au clair. Ça ne sert souvent à rien et ça fait plus de peine qu'autre chose. Je suis certaine qu'il est possible pour un ancien couple de développer une relation d'amitié, mais pas immédiatement après une rupture. Pour l'instant et pour les prochaines semaines, prends le temps de guérir.

*Pour guérir d'une séparation, il faut des distractions et du temps. C'est difficile à croire lorsqu'on la vit, mais le temps guérit vraiment les choses.*

Après les larmes vient le moment de penser à autre chose (ou d'essayer de penser à autre chose). Prends ça relax en écoutant des films que tu aimes ; *Sex and the City* est mon classique. Le moment qui me remonte le moral (mais qui me fait aussi beaucoup pleurer parce que *OMG*, c'est tellement triste !), c'est quand Carrie se fait poser un lapin par Mr Big à leur propre mariage. Je me dis alors qu'il y a pire situation. Hahaha ! Tu peux aussi commencer une nouvelle série et commander à manger (les meilleures soirées). C'est correct de rester enfermée et de se reposer seule quelque temps chez soi, mais ça peut devenir encore plus déprimant à la longue, alors ne dépasse pas trois ou quatre journées maximum. Pendant ce temps, garde contact avec tes amis. Appelle-les ou invite-les chez toi pour discuter, simplement pour ne pas être trop isolée.

Enfin, essaie de retourner progressivement à ta vie normale, même si ça ne te tente pas et que tu préférerais rester au lit (100 % moi). Ton entourage va te réconforter la première semaine suivant ta séparation, mais la personne qui peut le plus t'aider, c'est toi. Recommence à t'entraîner, à voir des amis, à faire tes tâches quotidiennes. Si tu n'as pas lavé la vaisselle depuis une semaine, c'est le moment ! Oblige-toi à sortir et à faire des activités. C'est difficile, mais bénéfique. C'est comme ça qu'on passe au travers d'une rupture : en occupant son temps. Et plus les jours avanceront, moins tu y penseras. C'est long et pénible, mais il faut que tu sois patiente avec toi-même.

Évidemment, chacun guérit à son rythme. Si tu ne te sens plus du tout affectée après quelques semaines, tant mieux ! Mais il se peut qu'il te faille plus de temps avant de te sentir mieux. C'est correct aussi. J'ai déjà lu que, pour chaque mois passé avec quelqu'un, il faut prévoir une semaine de guérison. Mais j'ai aussi lu quelque chose de complètement différent, alors c'est peut-être du gros n'importe quoi ! Hahaha ! Je pense que ça dépend à la fois de ta personnalité et

*Évidemment, chacun guérit à son rythme. Si tu ne te sens plus du tout affectée après quelques semaines, tant mieux ! Mais il se peut qu'il te faille plus de temps avant de te sentir mieux. C'est correct aussi.*

de la profondeur de la relation que tu entretenais avec l'autre personne. Pour moi, une erreur qu'on fait souvent, c'est de revoir la personne avant d'être complètement guéri, juste parce qu'on s'ennuie et qu'elle nous manque. Dis-toi que la personne que tu es pendant ta peine d'amour et celle que tu seras après sont complètement différentes. Une grosse rupture, ça nous change. On apprend sur nous-mêmes et on grandit. Tu feras aussi des choix beaucoup plus judicieux et rationnels quand tu auras moins de peine. Attends d'y voir plus clair avant de recontacter l'autre, pour une raison ou une autre. Ça ne vaut pas la peine de gâcher tes efforts des derniers jours ou des dernières semaines en retournant vers l'autre personne sans être certaine que cela fonctionnera cette fois-ci.

## Les choses à ne PAS faire

**Apporter ton téléphone au bar** si tu sais pertinemment que la première chose que tu feras, à 3 h du matin, sera de lui envoyer un message. Si c'est ton genre et que tes amies te connaissent véritablement, elles te confisqueront ton téléphone en début de soirée. T'inquiète, c'est pour ton bien. En plus, personne n'a l'air intelligent en textant « tU me menqueee :'(((((( » au beau milieu de la nuit, des larmes et de la morve plein le visage. Hahaha ! Prévois le coup et n'amène pas ton téléphone.

**Le stalker sur les réseaux sociaux**. Travaille ton *self-control* ! Les ruptures étaient clairement plus faciles avant l'arrivée d'Instagram et compagnie. Maintenant, c'est juste un enfer, surtout si ton ex est du genre à faire semblant d'avoir beaucoup trop de fun et à publier des *stories* de fêtes avec ses amis ou de journées qui semblent suuuper palpitantes. On a tous déjà vécu ça, de fouiller un peu trop et de tomber sur quelque chose qui nous fait encore plus mal. Tu n'as pas besoin d'en rajouter, c'est assez dur comme ça. En plus, il y a de bonnes chances que ce soit faux. Alors, sois forte et ne regarde rien. Désabonne-toi des comptes de ton ex s'il le faut. Je te promets que tu passeras plus facilement au travers de tout ça si tu n'as aucune idée de ce que l'autre est en train de faire. Tu vas te poser moins de questions et guérir tellement plus rapidement !

**Reprendre contact pour des raisons stupides.** Ce n'est pas grave si tu as oublié une paire de chaussettes chez lui. Ne lui envoie pas un texto du style « il faudrait VRAIMENT que je passe chez toi, j'ai oublié mon élastique à cheveux. » Hahaha ! On a tous déjà fait ça. Mais sérieusement, ça ne sert à rien. Si c'est vraiment fini, c'est mieux de ne pas parler à ton ex et de ne pas le voir pendant un bon moment. Tu ne guériras pas si tu retournes toujours vers l'autre. C'est normal d'avoir envie d'appeler, de passer chez lui ou de lui envoyer un message. Mais ça n'aide pas la guérison. Achète-toi plutôt une nouvelle paire de chaussettes, LOL.

**Te plaindre pendant des semaines.** La première semaine, tu auras besoin de quelques personnes pour pleurer, parler, pleurer encore et parler... et tout le monde sera là pour toi. C'est VRAIMENT le moment de te plaindre. En plus, tes amis se feront probablement un plaisir de te soutenir là-dedans. Quand tu te sentiras prête, botte-toi les fesses, lève-toi de ton lit et recommence à vivre ! Prends de nouvelles habitudes, rencontre de nouvelles personnes, sors et, de fil en aiguille, tu penseras de moins en moins à toute la peine que tu as eue. Une des pires choses à faire, c'est de s'apitoyer sur son sort pendant trop longtemps. Ça ne mène à rien. Il faut vivre sa peine et puis se reprendre en main. *Go, go, go! You can do it!*

## Les choses à faire

**Un achat compulsif.** Tu veux un nouveau téléphone depuis longtemps? Tu rêves de voyager à un endroit en particulier? Tu veux des nouveaux vêtements? HÉ, c'est le moment! Vivre une séparation, c'est difficile et s'il y a bien un bon moment pour se faire plaisir, c'est là. Ça change les idées et ça rend de bonne humeur et c'est exactement ce dont tu as besoin. Évidemment, il faut regarder son budget (oups!). C'est toi qui vois ce qu'il t'est possible de faire entre acheter une nouvelle paire de chaussures ou un voyage dans le Sud! Dans les deux cas, ça remonte le moral.

**Te concentrer sur tes projets.** Qu'on le veuille ou non, être dans une relation amoureuse, ça occupe. Tu as investi de ton temps pour être avec une personne et tu as peut-être laissé des choses de côté pendant un moment. Tu as maintenant plein de temps libre, chose que tu n'avais pas avant. Cela peut paraître triste sur le coup, mais ton temps libre peut se transformer en quelque chose de réellement positif. La peine est un bon carburant. C'est le moment parfait pour te concentrer sur toi, que ce soit le travail, l'école, un gros projet ou te remettre en forme. Ça te fera penser à autre chose, en plus de te remonter le moral et ton estime de soi. C'est valorisant de travailler fort, d'accomplir des choses et de réussir. Alors pense à quelque chose que tu as envie de réaliser depuis longtemps et mets-y beaucoup d'efforts !

**Te lancer dans quelque chose de nouveau.** Tu pourrais te trouver une nouvelle passion en commençant des cours de yoga, en te mettant au piano, en participant à un voyage de groupe ou en suivant des cours de cuisine. En plus, ça occupera ton temps ! Changer un peu ta routine peut vraiment t'aider à te sentir mieux, que ce soit par la découverte de nouvelles occupations ou la rencontre de nouvelles personnes. Essaie de modifier un peu ton quotidien pour qu'il soit encore plus agréable qu'avant.

**Passer du temps avec tes amis et ta famille.** Ça fait combien de temps que tu n'as pas vu telle ou telle personne ? C'est le moment ! Recontacte des amis d'enfance, organise une soirée chez toi avec tes amis les plus proches ou va souper chez tes parents. Ça remonte tellement le moral de voir des gens qu'on aime ! Quand on perd quelqu'un d'important, on oublie parfois que, autour de nous, il y a plusieurs autres personnes qui nous aiment. C'est un bon moment pour passer du temps de qualité avec eux.

## Les relations toxiques

Quand une histoire se termine, on passe souvent beaucoup de temps à repenser à cette relation et à la place que l'autre occupait dans notre vie. On ne sait jamais à quel point une relation nous affecte tant qu'on n'en est pas sorti et qu'on n'en est pas complètement guéri. On ne remarque donc pas toujours à quel point quelqu'un peut être nocif pour nous avant qu'il ne soit plus dans notre vie. C'est exactement ce qui est dangereux, car une relation nocive peut durer très longtemps. Quand on sort d'une rupture affaiblie, fatiguée et désorientée, c'est peut-être parce que notre histoire d'amour n'était pas saine.

*Quand on sort d'une rupture affaiblie, fatiguée et désorientée, c'est peut-être parce que notre histoire d'amour n'était pas saine.*

Si la personne qui devrait normalement te faire sentir bien te fait plutôt angoisser, te rend triste ou te fâche continuellement, tu dois te poser des questions. L'amour, ce n'est pas ça. Peut-être que la personne t'aime sincèrement, à sa façon, mais ça ne vaut pas la peine d'y laisser ta tranquillité d'esprit. Un couple, c'est une équipe composée d'alliés et non d'adversaires. C'est normal de se disputer à l'occasion. Ce qui ne l'est pas, c'est quand cela se produit à répétition. Il est crucial de faire la différence entre une relation saine et une relation toxique, et de ne jamais rester avec quelqu'un qui te fait du mal. L'amour peut être présent, mais si le reste de la relation est malsain, il faut que tu t'en ailles. On a souvent l'impression que la chose la plus difficile à faire serait de quitter cette personne. En réalité, et c'est ce qu'on réalise une fois guéri, c'est de rester dans une situation qui nous rend malheureux qui est le plus douloureux.

C'est vraiment difficile de jouer les conseillères et d'expliquer exactement ce qu'est une relation toxique, car il y en a mille différentes. Mais je peux te dire que tu devrais te sentir aimée, encouragée, en confiance et écoutée avec la personne qui partage ta vie, et l'autre personne aussi. Ça va dans les deux sens.

Si tu vis une peine d'amour en ce moment, j'espère que mes conseils auront su mettre un petit peu de baume sur ton cœur. Courage et prends soin de toi.

# RÉFLEXION

## *Petite féministe deviendra grande*

## Le féminisme est « un ensemble de mouvements et d'idées politiques, philosophiques et sociaux qui partagent un but commun : définir, établir et atteindre l'égalité politique, économique, culturelle, personnelle, sociale et juridique entre les femmes et les hommes* ».

Comme dirait ma bonne amie Emma Watson (lol, *I wish*) : « Si vous êtes en faveur de l'égalité homme-femme, *I'm sorry to tell you, you're a feminist.* »

J'ai grandi assez loin des standards de beauté et des messages véhiculés par les médias (*thank God !*). Sur mes photos d'enfance, j'ai les cheveux courts, j'habite à la campagne, je suis habillée n'importe comment et je fais du sport avec les garçons de la famille. Dans ma tête, il était évident que mon frère et moi allions avoir les mêmes chances dans la vie.

En grandissant et en découvrant le monde, je me souviens d'avoir pris conscience de certaines formes de discrimination. Je ne connaissais pas encore le mot « féminisme », mais je savais que parfois, des situations me mettaient mal à l'aise ou me fâchaient sans que je comprenne pourquoi. Par exemple, à propos du code vestimentaire à l'école, je me rappelle

* Wikipédia.

avoir dit à mes parents : « Ce n'est pas juste que je doive retourner chez moi pour me changer parce qu'on voit mes épaules ou mes cuisses. Mon corps n'est pas un objet et ne devrait déranger personne. » J'ai aussi pris conscience, en regardant la télé, qu'il y avait peu de femmes en politique. Des filles de mon entourage ont dénoncé des agressions sexuelles graves sans être prises au sérieux.

L'expression *boys will be boys* me tapait de plus en plus sur les nerfs. J'ai compris que ces situations me fâchaient parce qu'elles étaient injustes.

*«… définir, établir et atteindre l'égalité politique, économique, culturelle, personnelle, sociale et juridique entre les femmes et les hommes ».*

## Comment les femmes sont-elles représentées dans les médias et quels messages leur envoie-t-on ?

Statistique poche et vraie : on dit que chaque jour, les femmes ont environ 13 pensées négatives sur leur corps. C'est fou ! Pourquoi cette insécurité ? D'où est-ce que ça vient ? Pourquoi les filles ont-elles moins d'estime d'elles-mêmes que les garçons ? La façon dont les femmes sont représentées dans les médias ne les aide pas particulièrement. Magazines, vidéoclips, musique, films, publicités (*hello* les 1001 produits amaigrissants qu'on nous présente sans cesse) : il paraît que nous y sommes exposés environ 40 heures par semaine. C'est quand même un sacré *brainwash* !

Les couvertures de magazines à potins sont particulièrement choquantes. On peut y voir des photos de paparazzis prises dans l'intimité des femmes, accompagnées de commentaires comme « *Baby bump* ? », « Prise de poids ! », « Zoom sur les bourrelets », « Trop maigre ! », ou encore « Mange un sandwich ! » N'y a-t-il pas autre chose à mettre de l'avant ? On parle d'actrices, d'humoristes et de femmes d'affaires qui réussissent. Il y a certainement plus à dire sur les femmes que le nombre de kilos qu'elles ont perdus ou gagnés au cours des dernières semaines ! Notre physique est-il plus valorisé que nos compétences ?

Même dans des domaines qui n'ont aucun lien avec la beauté, le sujet de l'apparence revient constamment. Les médias, par exemple, critiquent le physique des politiciennes au lieu de prêter attention à ce qu'elles disent. Lorsqu'une actrice gagne un prix important à un gala, on lui parle avant tout de la tenue qu'elle portait sur le tapis rouge.

Il y a quelques mois, j'ai publié une photo sur Instagram qui a attiré des centaines de commentaires.

« Emma, as-tu grossi ? » « Trop de ventre ! » « Pas assez de fesses ! » « Tu devais aller t'entraîner. » Ça m'a pris quelques heures avant de prendre connaissance de ces commentaires. Je les ai lus d'un coup et... **j'ai eu l'impression que mon corps ne m'appartenait plus.** Je me sentais comme un objet que tout le monde pouvait critiquer, commenter et juger. C'est un *feeling* vraiment spécial (et super désagréable) de lire des centaines de conversations entre amis sur son propre corps. Quand on expose sa vie sur les réseaux sociaux, il faut s'attendre à recevoir des critiques.

Le problème, c'est qu'en parlant par la suite avec des gars, eux aussi créateurs sur le Web, j'ai réalisé qu'ils ne recevaient à peu près jamais de commentaires sur leur physique, peu importe leur *shape* (à moins que leur contenu ne traite de ce sujet). En comparaison, on examine sans cesse le corps des femmes et on ne se gêne pas pour pointer les défauts et critiquer. C'est considéré « normal » d'agir de cette façon. On lance le message aux plus jeunes que ce qui compte le plus, chez les femmes, c'est l'apparence. Il me semble que c'est difficile de grandir et de trouver qui on est à travers tout ça.

kaur
the sun and her flowers

# Des petits gestes qui font du bien

Alors, que peut-on faire concrètement pour régler le problème? Une bonne manière de commencer, c'est de dire aux femmes autour de vous que vous les trouvez drôles, fortes, intelligentes, talentueuses. Encouragez-les dans leurs réalisations et leurs projets. Oui, un compliment sur le physique, ça fait plaisir à tout le monde de temps en temps, mais les femmes méritent d'être reconnues pour tellement plus que leur apparence.

Liste de compliments à faire qui ne portent pas sur l'apparence

- C'est bon de te voir.
- J'aime comment tu t'exprimes.
- Bravo pour ton projet!
- Merci d'être là pour moi.
- Je te trouve inspirante.
- Merci de m'écouter.
- Tu as les bons mots pour me réconforter.
- J'apprécie ta présence.
- Je suis contente de t'avoir dans ma vie.
- Tu me donnes envie de devenir une meilleure personne.
- Tes idées sont importantes pour moi.
- Tu m'apprends beaucoup.
- J'aime vraiment discuter avec toi; tu me fais voir les choses sous un autre angle.
- Je t'ai trouvée super bonne lors de ta présentation; tu t'exprimes vraiment bien en public.
- Tu as un talent impressionnant.
- Tu me fais vraiment rire; tu es l'une des personnes les plus drôles que je connaisse.

Je suis féministe. Il n'y a rien d'embarrassant avec le fait de vouloir un monde égalitaire. Il faut comprendre que le féminisme, **ce n'est pas un mouvement contre qui que ce soit.** Ça lance plutôt la discussion sur la façon dont on traite les femmes dans la vie de tous les jours. Leur donne-t-on les bons outils pour réussir ? Les respecte-t-on ? Les écoute-t-on ?

En plus de ne pas nous limiter à l'apparence, encourageons-nous aussi à prendre notre place, à parler lorsque nous vivons des injustices et à ne pas nous fixer de limites.

Il y a plusieurs trucs qu'on peut mettre en pratique pour améliorer la situation autour de nous. Un des premiers serait de s'éloigner des messages ou des images qui nous font du mal. Par exemple, Kim Kardashian publiait, il n'y a pas si longtemps, une photo faisant la promotion de sucettes amaigrissantes. Selon elle, il suffit de manger un bonbon lorsque notre corps nous dit qu'il a faim, et hop, plus faim du tout : on maigrit ! Aussi simple que ça. *Hello* l'encouragement aux troubles alimentaires ! Le problème avec ce produit, c'est qu'il donne aux femmes le message que pour être attirantes, elles doivent perdre du poids. Non, non, non : lorsque notre corps nous signale qu'il a besoin de manger, il faut l'écouter. Je suis bien déçue, Kim : *you're* ***not*** *doing amazing, sweetie !*

C'est un exemple parmi tant d'autres. Faire le ménage dans ce qu'on consomme au quotidien peut nous permettre de nous sentir tellement mieux. (Quand on *scroll* son *feed* Instagram, par exemple.) Nous n'avons pas le contrôle de l'image que les médias projettent des femmes. Par contre, nos réseaux sociaux, eux, nous pouvons les contrôler. Gardez ce qui vous fait du bien, ce qui vous fait rire, ce qui vous fait rêver ou réfléchir et désabonnez-vous du reste.

*Beaucoup d'amour*
*pour toutes les femmes*
*à travers la planète!*

CANADA
PASSPORT
PASSEPORT

# VOYAGE I

## *Les trucs pratiques*

# J'ai visité pas mal d'endroits dans les dernières années et, avec le temps, j'ai développé une petite routine avant chacun de mes voyages.

J'ai aussi appris plein de trucs qui me permettent de profiter au maximum de mes voyages. Vous aussi développerez certainement deux ou trois trucs, peu importe si vous en êtes à planifier un premier voyage ou si vous êtes déjà un vrai globe-trotter.

## La préparation

Le choix de votre partenaire de voyage est une décision importante à prendre au tout début de la planification. Avec qui voulez-vous voyager ? Mon seul conseil, c'est de choisir des personnes que vous aimez et que vous pouvez supporter pendant quelques jours. Haha ! Sérieusement, il faut bien s'entourer. Ça peut changer toute l'ambiance de l'aventure.

Vient ensuite le choix de la destination (dah). Réfléchissez aux activités que vous préférez : est-ce que ce sont les randonnées, le surf, le magasinage, la visite de musées ou la découverte de restaurants ? Il y a tellement d'options et chaque endroit dans le monde a ses spécialités. De mon côté, je préfère visiter des coins calmes, mais pas trop loin de la ville. J'adore les plages, les montagnes, les coins où il n'y a pas trop de monde et où je peux être seule. J'ai beaucoup aimé la Californie et Hawaii pour ces raisons, car il y a de magnifiques paysages et des coins très paisibles proches des bons restos de

la ville. Pinterest est un outil vraiment pratique pour découvrir et choisir une destination. Dans la catégorie « voyages », vous trouverez de longues listes d'endroits, avec les inconvénients et les avantages de chacun.

Votre budget est un autre aspect important qui peut influencer votre choix de destination. Le prix des billets d'avion pour certaines destinations peut être super intéressant et, puisque c'est souvent ce qu'on achète en premier, on ne regarde pas le reste. Mais avant d'acheter un billet d'avion, il est très important de regarder le prix des hôtels, de la nourriture, des activités et des moyens de transport une fois rendu sur place. Tout cela additionné ensemble peut facilement représenter plusieurs centaines de dollars, si bien que la plus grosse dépense d'un voyage n'est pas forcément le billet d'avion. La première fois que je suis allée à Hawaii avec une de mes amies, on était super contentes d'avoir réussi à trouver des billets d'avion pas cher. On les a vite réservés et, quand on a commencé notre planification, on s'est rendu compte que tout était super cher sur place : les transports en commun, le logement, l'épicerie, la location de voiture et les différentes activités. Nous étions vraiment surprises. Tout ça nous a coûté bien plus cher que le prix du billet d'avion, puisque nous sommes restées deux semaines à Hawaii.

*Avec qui voulez-vous voyager ? Mon seul conseil, c'est de choisir des personnes que vous aimez et que vous pouvez supporter pendant quelques jours.*

Vient ensuite le choix du logement. Il y a plusieurs options, à tous les prix. Personnellement, je préfère louer un petit appartement pour la durée de mon séjour. Quand on habite l'appart d'un vrai résident de l'endroit, on se sent un peu moins touriste et ça, c'est *cool* ! Habituellement, cette option coûte un peu plus cher qu'un hôtel, mais je pense qu'on finit par économiser sur la nourriture, puisqu'on mange moins au resto. De toute façon, je préfère ne visiter les restaurants que quelques fois pendant mon voyage pour en profiter davantage. À l'inverse, j'aime tellement visiter les épiceries quand je suis loin de chez moi ! Elles sont si

différentes d'un pays à l'autre. J'aime passer du temps dans les rangées, acheter plein de choses et tester la nourriture comme si j'habitais sur place. Mais il se peut que ce ne soit pas votre style et que vous préfériez loger dans un hôtel. Il y a aussi les auberges de jeunesse, qui sont parfaites si vous voyagez avec un petit budget. Les prix sont souvent très bas et vous pouvez rencontrer plein de personnes qui voyagent en même temps que vous. Certaines auberges offrent des chambres privées, mais on voit plus souvent des dortoirs (mixtes ou non). Ce n'est pas pour tout le monde, mais si vous êtes sociable et pas trop difficile, ça peut être une option vraiment *cool*.

Une fois que le billet d'avion est réservé et que vous savez où vous allez dormir, la grosse partie de la planification est faite. Il reste une étape très, très *cool* à faire : planifier ce que vous allez faire de vos journées. Un des meilleurs endroits où trouver des activités ou des lieux à visiter, c'est encore une fois Pinterest. J'y fais des recherches pour presque tous mes voyages (pour presque tout dans ma vie, en fait, mais bon, surtout pour mes voyages, haha !). J'inscris ma destination, suivie de quelque chose du style « meilleurs endroits à visiter » et

CANADA
PASSPORT
PASSEPORT

l'application suggère des dizaines d'articles de blogueuses qui y sont déjà allées et qui parlent de leurs coups de cœur. On tombe aussi sur des articles écrits par des locaux, qui proposent des listes de leurs endroits favoris. C'est souvent dans ces articles que je trouve les meilleures suggestions de restaurants, de cafés, d'activités à faire, de coins à explorer. Ça m'aide beaucoup. Je m'assois quelques heures devant mon ordi avec un bon café et je note tout ce qui m'attire le plus dans ce que je lis. Je trouve que c'est le moyen le plus efficace parce que les articles sont bien souvent très précis, détaillés, avec de belles photos, et parce qu'on sent bien qu'il y a quelqu'un derrière qui a vécu l'expérience, qui est honnête et qui a vraiment envie de partager ce qu'il a aimé de son voyage. Je suis rarement déçue quand je planifie mes voyages de la sorte.

## Quelques trucs pour apprécier un séjour en auberge de jeunesse

Si vous n'êtes jamais allé dans une auberge de jeunesse, je ne veux pas vous faire peur avec l'histoire que je vous raconte à la fin du prochain chapitre. Je vous promets que toutes mes expériences d'auberges s'étaient bien passées jusque-là. Les auberges de jeunesse sont un concept super *cool* parce qu'elles permettent de voyager sans nécessairement avoir un énorme budget. Ça dépend des endroits, mais une nuit dans une auberge de jeunesse coûte normalement entre 10 et 30 $. C'est beaucoup plus abordable qu'une nuit dans une chambre d'hôtel ou un AirBnb, qui peut facilement coûter plus de 100 $. Le truc, c'est de faire le plus de recherches possible, parce que les prix et les standards de confort varient d'un pays à l'autre. Voici quelques conseils si vous décidez de dormir en auberge de jeunesse.

Il n'y a pas, pour les auberges de jeunesse, de système de classification comme pour les hôtels. Le meilleur truc, pour se faire une idée d'un endroit, c'est de **lire les commentaires des clients précédents sur Internet**. Lors de notre voyage à Hawaii, mon amie Delphine et moi avions bien lu que l'auberge que nous pensions réserver n'était pas *top*. Nous y sommes allées car c'était notre seule option, mais au moins on savait à quoi s'attendre. Pour éviter de mauvaises surprises, je vous encourage à aller vous-même écrire ce que vous avez pensé de votre hôtel ou auberge à votre retour de voyage. Cela aidera peut-être certaines personnes dans leurs recherches. Si vous dormez dans un endroit indépendant qui n'appartient pas à une chaîne, ça vaut la peine de parler de votre expérience, si elle était positive, pour donner un petit coup de pouce aux propriétaires qui vous ont offert un bon service.

Lorsque vous aurez trouvé la perle rare, vous pouvez décider de payer plus cher pour avoir une chambre privée, mais **les dortoirs sont le choix le plus populaire**. C'est aussi l'option la plus économique. Si vous choisissez pour cette option, vous dormirez entouré de quelques autres personnes. J'ai toujours du mal à m'endormir si l'endroit où je suis n'est pas complètement silencieux. En auberge, c'est impossible de dormir dans le calme. Il y a tout le temps quelqu'un qui ronfle, quelqu'un qui se couche tard, un autre qui doit partir tôt le matin ou un dernier qui se lève 36 fois pour aller aux toilettes. Hahaha! **Dormir avec des bouchons** vous évitera de vous réveiller trop souvent. Les dortoirs sont habituellement des chambres de six lits ou plus et on peut souvent choisir entre un dortoir mixte, un dortoir pour femmes seulement ou un dortoir pour hommes seulement. Il peut être malin également d'apporter du chasse-moustiques (ou chasse-insectes). Si vous voyagez dans un endroit éloigné de la ville, il se peut bien qu'il y ait des insectes dans votre dortoir, certaines personnes préférant dormir la fenêtre ouverte. Apporter des produits pour éviter qu'ils vous piquent, c'est une bonne idée !

Être entouré d'autres jeunes et utiliser les mêmes pièces communes qu'eux, c'est vraiment l'avantage des auberges de jeunesse. En plus des dortoirs, il y a souvent un salon et une grande cuisine que tout le monde peut utiliser et c'est un bon endroit pour faire des rencontres. On vit vraiment avec les autres, alors autant apprendre à les connaître ! On peut offrir de l'aide, faire des activités ou encore essayer de participer aux conversations. Je ne suis pas tellement de nature sociable, mais ça vaut la peine. Je me souviens d'une fois où j'étais vraiment stressée de préparer mon déjeuner parce qu'il y avait plein de monde dans la cuisine. Je voulais juste attendre qu'ils partent tous pour que personne ne me remarque. Haha! C'est épouvantable à quel point je suis stressée pour un rien dans la vie. Je me décourage moi-même ! Finalement, j'y suis allée et j'ai déjeuné avec deux autres filles. On a fini par passer le reste de la journée ensemble et j'en garde de très bons souvenirs. C'était une super belle journée. Nous avons sociabilisé et proposé à certains voyageurs de faires des épiceries communes et le même repas pour tout le monde. Quelle bonne façon de rencontrer des gens, de parler et d'économiser un peu d'argent !

Vous allez connaître des gens de toutes sortes et qui viennent d'un peu partout sur la planète. Une attitude importante à adopter quand on voyage, et surtout en auberge, c'est d'être ouvert d'esprit, de savoir que tout le monde est différent et de l'accepter. Je trouve ça vraiment intéressant de parler à d'autres gens, de découvrir d'où ils viennent, ce qu'ils font dans la vie, ce qui les amène à voyager dans le même endroit que moi. Je pense que c'est

une belle façon d'apprendre et de se faire des amis venant d'un peu partout sur la planète. En plus, si un jour je voyage dans le coin de pays de certaines personnes que j'ai rencontrées, j'aurai quelqu'un pour me faire visiter!

Évidemment, quand on vit entourés d'autant de personnes, il faut *être respectueux*. Il y a tout le temps quelqu'un de dérangeant en auberge et tout le monde trouve ça pénible. Ne soyez pas cette personne. Pendant votre voyage, il y a des soirs où vous allez sortir et des soirs où vous voudrez vous reposer. Comme tout le monde n'a pas le même horaire, il faut éviter, par exemple, quand on rentre tard, de claquer la porte, d'ouvrir les lumières et de parler trop fort. Tout le monde vit dans le même espace et il faut faire attention aux autres.

Habituellement, les gens qui résident en auberge de jeunesse sont respectueux et font preuve de savoir-vivre. Cela dit, il faut quand même *observer quelques règles de base*, comme de ne pas laisser d'objets précieux traîner. J'ai un ami qui s'est déjà fait voler son passeport dans une auberge. Ça gâche facilement un voyage. Il y a souvent des casiers où vous pouvez laisser quelques affaires. La plupart des auberges louent également des cadenas, mais vaut mieux prévoir le coup et apporter le vôtre. En prenant ces précautions, vous pourrez partir toute la journée sans craindre de vous faire voler votre téléphone, votre appareil photo ou vos objets de valeur.

Une autre précaution concerne le frigo commun. En effet, dans la plupart des auberges, il y a un frigo que tout le monde utilise. Une fois, j'y avais placé mes collations et quelqu'un les avait mangées. J'étais trop triste de ne plus avoir mes morceaux de fromage... Haha ! Par la suite, j'ai appris que la règle, dans plusieurs auberges, est que n'importe qui peut manger un aliment s'il n'y a pas de nom dessus. #RIPmonfromage Dans le doute, *identifiez votre nourriture*. S'il vous en reste à la fin du séjour, vous pourrez simplement effacer votre nom et quelqu'un sera bien content de manger ces restants.

Enfin, je vous suggère de *laver tout votre bagage une fois de retour à la maison*. C'est une habitude que je vous conseille de prendre chaque fois que vous revenez de voyage. Lavez tous vos vêtements et laissez votre valise quelques jours à l'extérieur. Ça vous évitera de ramener des puces de lit dans votre maison. Ces insectes ne se trouvent pas seulement dans les auberges. Il peut y en avoir partout, même dans les beaux hôtels !

# Trucs pour faire sa valise

C'est important de bien organiser sa valise, surtout si vous faites beaucoup de déplacements durant votre voyage. Il n'y a rien de plus énervant que de voyager avec une énorme valise mal rangée (ce qui est 100 % mon genre). Aussi, tout objet manquant peut facilement s'acheter sur place. S'il vous faut vraiment une paire de pantalons, je suis certaine que vous pouvez en trouver dans un magasin près de votre hôtel. Dans mes premiers voyages, j'apportais toujours trop de choses. En revenant chez moi, je me rendais compte que je n'avais même pas utilisé la moitié de mes vêtements. Si vous voyagez avec une amie, vous pouvez vous organiser pour ne pas apporter deux fois la même chose. Par exemple, l'une de vous deux apporte un fer à friser et l'autre apporte une brosse à cheveux. Pour presque tous mes voyages, j'essaie de tout faire rentrer dans une valise de format bagage à main, que je peux apporter avec moi dans l'avion. Avec quelques bons trucs, je réussis à faire rentrer au moins dix tenues, deux paires de chaussures, mon maquillage et mes produits !

1. Rouler les vêtements plutôt que de les plier, ça prend vraiment moins de place.
2. Apporter des échantillons de produits ou remplir de petits contenants de ses produits favoris.
3. Mettre de la pellicule plastique entre les bouchons et les bouteilles pour éviter que les produits coulent. Eurck.
4. Planifier les tenues à l'avance, pour s'assurer que chaque pièce de vêtement s'agence avec une autre.

5. Utiliser un sac avec plusieurs compartiments, qu'on peut accrocher au mur, pour le maquillage et les produits. C'est pratique quand la salle de bain est toute petite.
6. Se servir d'une boîte à pilules comme boîte à bijoux. #Glamour
7. Avoir une batterie mobile et une pochette pour tous les fils, chargeurs et écouteurs, parce que les fils emmêlés, c'est bof.
8. Apporter un sac pour placer les vêtements sales. C'est plus pratique qu'on ne le pense.
9. Faire des photocopies de son passeport et de toutes les confirmations de réservations d'hôtels ou d'activités et les glisser dans une pochette de la valise, juste au cas où il y aurait un drame pendant le voyage.

# Le bagage à main

Une chose importante à préparer, surtout pour les longs vols : votre *bagage à main* (ou *carry-on*). C'est le sac à main ou le sac à dos que vous allez pouvoir garder avec vous dans l'avion. C'est donc l'endroit où regrouper tous vos essentiels auxquels vous voulez avoir facilement accès durant votre vol. Je vous propose ici une liste de tout ce que j'apporte avec moi. Ça peut différer d'une personne à l'autre, mais ma liste peut certainement vous donner une idée de ce dont vous allez avoir besoin.

*Ma liste d'essentiels*

**Des médicaments de base,** comme des Tylenol ou des Gravol. En dernier recours, il y en a toujours en vente dans les magasins près des portes d'embarquement.

**Une couverture** (ou un gros foulard si on ne veut pas s'encombrer) ! Il fait souvent très froid dans les avions et c'est plus confortable pour dormir. Certaines compagnies aériennes en fournissent, mais elles ne sont pas très hygiéniques.

**Des chaussettes fluffy.** Surtout si vous êtes frileux comme moi. Hehe.

**Un masque de sommeil,** parce qu'il y a toujours quelqu'un qui décide de laisser sa lumière allumée pendant que vous essayez de dormir.

CANADA
PASSPORT
PASSEPORT
14R0908445
20
BANQUE NATIONALE
PARIS STREET STYLE
A GUIDE TO EFFORTLESS CHIC

**Des trucs pour vous occuper pendant le vol** : un bon livre, des magazines, un téléphone rempli de musique et vos écouteurs ou, comme moi, un DS ! #PassionMarioKart

**Une routine de soins**, parce que l'air est sec et que chaque fois que je prends l'avion, j'en sors avec la peau déshydratée à fond. J'apporte tout le temps des lingettes, une eau micellaire, des cotons, une crème hydratante et un baume à lèvres. Votre peau va vous remercier.

**De la gomme !** En mâcher au décollage et à l'atterrissage aide les oreilles à se déboucher.

**De l'argent comptant** dans la devise de l'endroit où vous allez. Après un long vol, on veut seulement prendre une douche et faire une sieste. C'est pratique d'arriver et de ne pas avoir à se demander comment on va faire pour payer le taxi ou le bus pour rejoindre l'hôtel.

**Si votre valise est en soute**, apportez une tenue de rechange et quelques essentiels (déodorant, brosse à dents), au cas où elle se perdrait. Ça n'arrive pas souvent, mais quand ça arrive, c'est rassurant d'avoir un petit kit de survie.

## Les erreurs à éviter lors des voyages en avion

On fait tous des erreurs lors de nos premiers voyages en avion. Il y en a des banales, comme d'oublier quelque chose d'important dans le fond de sa valise. C'est tout bête, mais vous ne voulez pas être la personne mal organisée qui ouvre sa valise en plein aéroport pour chercher quelque chose ! *Throw back* à la fois où mon pyjama, ma brosse à dents et mes petites culottes étaient à la vue de tous juste pour retrouver mon paquet de Tylenol. Hahaha !

Throw back *à la fois où mon pyjama, ma brosse à dents et mes petites culottes étaient à la vue de tous juste pour retrouver mon paquet de Tylenol. Hahaha !*

Une autre erreur typique est de penser pouvoir faire un long vol sans livres, sans musique, sans séries, sans **RIEN**. Une fois, alors que j'allais en Europe et que j'étais vraiment pressée la journée du départ, je me suis dit que j'allais acheter un livre à l'aéroport. Je n'avais absolument rien d'autre qu'un roman super poche acheté trop vite dans un kiosque... pour un vol de sept heures. J'ai trouvé le temps tellement long. En plus, on peut maintenant télécharger des séries complètes à l'avance sur Netflix ! J'essaie aussi de toujours prévoir un tube de crème hydratante dans mon bagage à main (surtout si j'ai attrapé un gros coup de soleil après avoir passé une semaine à la plage). Dans ces cas-là, une crème à l'aloès sera votre meilleure alliée, puisque l'air est très sec dans les avions (ça ne va pas très bien avec les coups de soleil). Appliquez-la régulièrement sur la peau sensible pendant le vol pour la garder hydratée. Si vous oubliez de prendre cet article précieux, vous risquez de vivre la même situation que moi lors de mon retour d'Espagne. C'était l'été et j'avais le visage rouge tomate. Je ne me suis pas regardée durant tout le vol. Ma sœur, qui était assise juste derrière moi dans l'avion, a hurlé de rire en me voyant le visage vers la fin du vol : ma peau était tellement déshydratée qu'elle s'enlevait par morceaux. J'avais l'air d'un serpent. C'était dégoûtant.

Il y a ensuite les choses un peu plus particulières à prévoir. Par exemple, je ne

ALOHA
KAKAHIAKA!

savais pas que la sécurité pouvait garder n'importe quel appareil qui n'a plus de batteries. (*Been there*, rester assise à côté d'une prise électrique à l'aéroport en attendant que mon ordi charge pour pouvoir passer la sécurité, pour finalement manquer mon vol.) En plus, les prises électriques se font rares dans un aéroport quand il y a beaucoup de monde. Si vous apportez une barre multiprises, vous mettez toutes les chances de votre côté de pouvoir recharger votre téléphone ou votre ordinateur avant le vol. C'est peut-être un peu intense comme conseil… Il faut vraiment détester que son téléphone manque de batteries pour faire ça, mais si vous êtes comme moi, ce truc est pour vous ! Haha ! Une autre option peut-être plus simple consiste à recharger vos appareils électroniques à 100 % avant de partir de la maison.

Toujours dans la catégorie « batteries », prévoyez un sac ignifuge de type Lipo si vous voulez amener un drône en voyage (et que votre compagnie aérienne le permet). Vous garderez ce sac avec vous pendant le vol. Une fois dans les airs, les batteries des drônes peuvent prendre en feu et exploser à cause de la variation de la pression de l'air. C'est vraiment dangereux. (Je paniquais quand on m'a expliqué ça ! Haha !) Le sac empêche ce phénomène.

Enfin, ça vaut la peine de vérifier si le pays que vous visitez a des règlements au sujet des passeports. Certains pays exigent que les voyageurs qui entrent sur leur territoire aient un permis valide pour une durée qui peut varier. Arriver à l'aéroport avec un passeport qui expire bientôt est une erreur qui peut coûter cher : on peut carrément vous refuser l'embarquement.

## Une fois sur place
## Comment être un bon touriste

Dans mon monde à moi, pour recevoir un passeport, tout le monde devrait avoir suivi un cours du type « Comment être un bon touriste ». On y apprendrait des trucs simples, mais qui font toute la différence. Malheureusement, ça n'existe pas ! Je vous donne juste ici quelques trucs que j'essaie d'appliquer le plus possible quand je voyage.

Encourager les commerces locaux. C'est un peu triste, mais maintenant, les grosses chaînes comme Starbucks ou McDonald's sont présentes presque partout dans le monde. J'essaie de prioriser les restaurants locaux, premièrement parce que je veux encourager ces gens qui ne doivent pas trouver facile d'être en compétition avec de si grosses entreprises, ensuite parce que la nourriture y est souvent bien meilleure. J'applique la même philosophie aux boutiques de souvenirs. Quand j'étais à Hawaii, j'ai évité d'acheter des cadeaux faits ailleurs (en Chine pour la plupart), et je me suis acheté une affiche, créée et imprimée localement par une artiste hawaïenne. L'argent va ainsi directement à la personne qui a créé l'œuvre. Je pense que c'est vraiment important d'encourager ce type de commerce, autant à la maison qu'en voyage.

*Dans mon monde à moi, pour recevoir un passeport, tout le monde devrait avoir suivi un cours du type « Comment être un bon touriste ».*

Trouver les adresses favorites des locaux, mais se permettre quelques attractions touristiques. Je pense toujours aux conseils que je donnerais à un touriste venant visiter Montréal. J'aurais probablement envie de lui parler de mes restos, cafés, bars et salles de spectacle favoris, même si ce ne sont pas des lieux typiquement touristiques. C'est une trop belle façon de découvrir une ville. Je lui recommanderais probablement de visiter le Vieux-Port aussi, qui est plus touristique, mais très le fun quand même. Un mélange des deux, je trouve ça parfait. Dans le même ordre d'idées, on en profite pour s'informer des produits que les locaux utilisent (par exemple : une application pour le système de transport en commun). Ça peut être utile.

Se renseigner sur la culture. Je pense que c'est respectueux de s'informer et d'essayer de se conformer aux habitudes de vie de l'endroit où l'on va passer des vacances. Les traditions et les règlements changent d'un endroit à l'autre et c'est important de savoir ce qui nous attend. Par exemple, dans certains pays, il y a un code vestimentaire à respecter pour pouvoir visiter des églises ou des lieux culturels importants. C'est aussi pratique de savoir que, dans certains endroits, les heures d'ouverture des restaurants et des commerces

ne sont pas les mêmes que chez nous. J'étais tellement déçue en Grèce quand je suis arrivée dans un resto pour manger à 18 h... Les serveurs m'ont expliqué qu'ils n'étaient même pas encore ouverts et que les gens n'arrivaient que vers 22 h. LOL.

Être conscient de l'environnement. Ne pas jeter ses déchets n'importe où, trouver des trucs pour en faire le moins possible et trouver des poubelles de recyclage, c'est important à la maison, mais en voyage aussi. Il y a beaucoup de trucs simples que vous pouvez adopter. Par exemple : apporter des ustensiles en métal ou en bois dans votre sac pour ne pas en prendre en plastique au restaurant, choisir une crème solaire qui n'endommage pas les coraux dans l'océan, demander votre boisson sans paille... Ce sont des trucs qui ne demandent pas beaucoup d'efforts, mais qui font une différence pour la planète à la longue.

Faire attention aux animaux sauvages et s'informer sur les activités incluant des animaux. Que ce soit monter sur des éléphants à Bali ou nourrir des cochons sauvages aux Bahamas, la première chose à faire avant de réserver ces activités est de s'assurer du bien-être des animaux. Ils attirent les touristes et, par le fait même, rapportent beaucoup d'argent. Mais leur santé et leur bien-être ne sont pas toujours pris en considération. C'est vraiment triste. Je suis contente de m'être informée avant de soutenir des activités comme ça. Je vous suggère de le faire également ! Aussi, si vous croisez un animal en pleine nature, observez-le de loin et ne le dérangez pas dans son habitat. À Hawaii, j'ai vu des touristes courir après une torture de mer pour une photo... Elle a eu peur et s'est enfuie. Ne faites pas des choses comme ça !

Une fois rendu à destination, il est possible que vous ne réussissiez pas à faire tout ce que vous aviez prévu. Peut-être que vous allez perdre un après-midi parce que vous ne comprendrez rien au système des transports dans la ville que vous visitez (ça m'est arrivé en Grèce, où j'ai eu un mal fou à me rendre à mon hôtel, après avoir passé toute la nuit dans l'avion, parce que toutes les indications étaient en grec !). Peut-être que l'hôte de votre AirBnb va annuler votre réservation à la dernière minute (ça m'est aussi déjà arrivé, uurgh). Mais être stressé ou fâché ne sert à rien. Il faut juste se concentrer pour trouver des solutions. Plus vite on trouve une solution, plus vite le problème est résolu, et moins de temps de notre voyage est passé là-dessus. Pour ça, il faut être un minimum prévoyant, notamment en regardant les hôtels disponibles autour de votre logement ou en s'informant un peu sur le fonctionnement du métro et des autobus pendant la préparation du voyage. Plus on se prépare et moins d'inconvénients poches peuvent arriver.

36

# LA INSTA GAME

*Petit guide du créateur de contenu*

Une amie enseignante m'a dit l'autre jour que plusieurs jeunes de sa classe rêvaient de devenir YouTubeurs ou blogueurs. Je trouve ça tellement *cool* que ce soit devenu un métier à la mode. À mon époque, ça ne l'était pas du tout (je parle comme si j'avais 87 ans, haha !).

Internet et les réseaux sociaux nous permettent de montrer nos talents à la planète entière. On peut désormais se lancer en musique, en cinéma, en photographie ou en humour, par exemple, sans nécessairement avoir des contacts ou être dans le milieu. On peut créer notre propre chance de réussir, sans l'aide de qui que ce soit. De nombreux artistes commencent maintenant leur carrière sur le Web et finissent par se faire connaître grâce à leurs efforts et à leur persévérance. C'est une nouvelle porte d'accès vers plusieurs métiers et je trouve ça génial.

Internet sert aussi à partager des histoires. Je trouve ça important. J'aime écouter certaines personnalités du Web discuter de sujets tabous ou sensibles et les mettre de l'avant. J'aime voir des gens différents des standards de notre société réussir sur les réseaux sociaux et inspirer des jeunes à être eux-mêmes. Il y a pas mal de personnes que je regarde en ce moment sur YouTube et que j'aurais beaucoup aimé avoir comme modèles lorsque j'étais plus jeune. Je pense, par exemple, aux YouTubeurs transsexuels qui racontent leur transformation en détail, aux dizaines de garçons qui font des tutoriels de maquillage et que j'écoute toutes les semaines, ou au couple Ingrid + Hannah, qui a dévasté Internet quand il s'est séparé. Je trouve qu'ils représentent bien notre génération, ouverte d'esprit et intelligente. C'est courageux d'utiliser son influence pour raconter ses expériences et, par le fait même, rassurer des gens qui vivent peut-être des choses similaires. C'est incroyable la différence que ça peut faire.

Pour ma part, les réseaux sociaux m'ont permis de regrouper toutes mes passions et d'en faire mon métier. Sérieusement, c'est ma *dream job*. Bon, je suis émotive, j'ai envie de pleurer ! Haha ! J'ai longtemps eu du mal à donner un nom à mon métier, mais je crois que celui qui s'en rapproche le plus serait « créatrice de contenu ». Je pense qu'il n'y a aucun autre emploi sur Terre qui rassemble aussi bien tout ce que j'aime faire dans la vie de tous les jours, à savoir créer des vidéos, faire du montage et de la photographie, parler des choses que j'aime ou que je découvre, écrire, dessiner et créer. C'est d'ailleurs ce que je préfère de ma job : créer.

*Pour ma part, les réseaux sociaux m'ont permis de regrouper toutes mes passions et d'en faire mon métier. Sérieusement, c'est ma dream job.*

On me pose souvent des questions sur ce que je fais dans la vie et, puisque c'est un sujet qui me passionne, j'ai décidé d'y répondre juste ici. Je pense que ça peut aussi vous éclairer sur certains sujets si vous désirez vous aussi vous lancer dans les réseaux sociaux. Je suis loin d'être une experte et il m'en reste encore beaucoup à apprendre, mais voici ce que j'ai appris jusqu'à maintenant.

## Comment trouver son propre style de contenu ?

C'est difficile de répondre à cette question et je me la pose encore souvent. C'est un objectif qui peut être long à atteindre. Même après des années, je n'ai pas du tout l'impression d'avoir trouvé mon style exact de photos ou de vidéos ! Un bon truc pour explorer vos intérêts et votre style de contenu serait d'écrire sur une feuille les choses que vous aimez et qui vous représentent. Écrivez des trucs simples, comme

« la crème glacée », et abordez aussi des sujets plus larges, comme « la littérature ». Pour moi, par exemple, ce serait mes amies, la nourriture, le café, la mer, les fleurs, les vêtements, les voyages, mon appartement, les couleurs pastel. La liste de vos intérêts peut être longue et c'est complètement normal de ne pas savoir tout de suite quelles thématiques vous souhaitez explorer ! Essayez ensuite de faire en sorte que toutes ces petites choses apparaissent sur vos réseaux sociaux. Ainsi, quand quelqu'un arrivera sur votre page Instagram ou autre, il pourra y apercevoir du contenu qui représente votre personnalité, à la manière d'un portfolio de la personne que vous êtes. Ceux qui ont des intérêts communs ou qui aiment simplement votre univers seront naturellement intéressés à vous suivre et à vous encourager. Vous pouvez aussi décider d'opter pour un thème précis et démarrer un blogue culinaire, si vous êtes passionné de cuisine, ou une chaîne YouTube *fitness*, si vous êtes un mordu d'entraînement. La petite liste dont je parlais tantôt peut quand même vous être utile dans ce cas, car c'est vraiment le fun de montrer votre personnalité et votre quotidien, peu importe le sujet principal que vous choisissez pour vos réseaux. Si vous n'êtes pas certain de ce dont vous voulez parler, faites des tests ! Je pense que c'est en essayant le plus de choses possible qu'on se rapproche de notre style de contenu.

*La liste de vos intérêts peut être longue et c'est complètement normal de ne pas savoir tout de suite quelles thématiques vous souhaitez explorer !*

## Comment obtenir plus d'abonnés ou de visionnements ?

Ce qui fonctionne bien, c'est de rester constant dans son contenu, de publier presque tous les jours sur ses réseaux, de rester soi-même, d'être près de ses abonnés… et de travailler fort. Ça vaut pour moi et pour plusieurs de mes amis YouTubeurs. Il faut énormément de patience et de persévérance, parce que la reconnaissance n'arrive jamais du jour au lendemain. Je crois aussi que le fait d'élargir son audience ne devrait pas être votre objectif numéro 1. Vous devez d'abord aimer ce

que vous faites et avoir du fun dans le processus. Lorsqu'on est passionné, ça se voit et ça fait toute la différence. Prenez le temps d'évaluer le type de contenu ou d'approche qui a le plus de succès auprès de vos abonnés. Dans mon cas, ce sont souvent des photos de tenues ou des vidéos de voyages. Ça tombe bien parce que ce sont deux choses que j'adore faire ! Bref, je vous conseille de travailler fort en continuant de partager ce que vous aimez. Les bonnes personnes arriveront sur votre compte et vous encourageront.

*Prenez le temps d'évaluer le type de contenu ou d'approche qui a le plus de succès auprès de vos abonnés. Dans mon cas, ce sont souvent des photos de tenues ou des vidéos de voyages. Ça tombe bien parce que ce sont deux choses que j'adore faire !*

## Comment collaborer avec une marque ?

Ma première expérience professionnelle dans ce métier a été la promotion de produits. C'est quelque chose qui me plaît, mais je n'ai pas commencé à faire des vidéos et des photos à des fins publicitaires et je me dis que ça ne devrait jamais être le cas. Je suis donc extrêmement sélective. Par contre, je suis à la fois flattée et reconnaissante quand une compagnie que j'admire me propose une collaboration. Si les valeurs de la marque sont proches des miennes et que les produits sont réellement bons, je n'hésite pas.

Je présente seulement des produits que j'aime énormément, que j'utilise dans mon quotidien et que j'achète moi-même. Je pense qu'il est important de rester fidèle à soi-même et de ne pas accepter tout ce qui passe. L'une des raisons, c'est que vos abonnés vous connaissent bien : si vous parlez soudainement d'un produit qui ne vous correspond pas du tout, ils vont le remarquer. Quand je travaille sur une collaboration, je dois donc créer du contenu visuellement plaisant et créatif qui représente mon style ET celui de la marque. Pour que ce soit possible, c'est essentiel d'avoir la même vision des choses. Si une compagnie s'attend à une photo du produit en gros plan, mais que vous pensiez plutôt l'inclure subtilement dans une jolie photo de vous, ça ne marchera pas. C'est important, avant d'accepter une offre, de préciser les attentes de chacun et d'élaborer un plan à l'avance. De cette façon, tout le monde est bien d'accord sur le type de contenu qui sera créé. Une bonne façon de vous faire remarquer par une compagnie est simplement de la contacter par courriel. Envoyez-lui un portfolio contenant quelques-unes de vos créations et expliquez pourquoi vous aimez cette entreprise, pourquoi vous voulez collaborer avec elle et comment vous pourriez intégrer ses produits dans votre contenu. Je vous conseille d'être le plus professionnel et précis possible pour mettre le plus de chances de votre côté.

## Comment rester motivé et créatif ?

Quand on crée du contenu presque tous les jours, il y a forcément des moments où on manque d'inspiration. Ça m'arrive assez régulièrement et c'est normal. Je quitte alors les réseaux sociaux pendant quelques jours et je place mon attention ailleurs. Je regarde des films et des documentaires, je vois mes amies, je lis des livres ou je passe du temps dehors. Je retourne aussi voir mes listes de vidéos à faire, d'idées de photos à essayer ou de sujets à explorer pour le blogue. Ça m'aide vraiment de noter toutes mes idées et d'y retourner lorsque je ne sais plus quoi faire. C'est aussi normal qu'il y ait des journées où la motivation n'est pas au rendez-vous. Quand ça arrive, j'essaie le plus possible d'aller travailler dans des cafés. Je le fais la plupart du temps chez moi, mais ça peut devenir déprimant au bout d'un moment. Un autre bon truc est de planifier une routine matinale et de la répéter tous les matins des journées de travail. La mienne consiste à m'habiller, à aller marcher avec mon chien et à déjeuner. Ça me donne vraiment un *boost* d'énergie et je me sens tout de suite plus motivée ! M'entourer de personnes qui font un métier similaire au mien m'aide aussi beaucoup. Je fais parfois des *coffee dates* de montage ou de planification avec des amies YouTubeuses et, certains jours, ça me motive bien plus que d'être seule chez moi.

## Vivre la *Insta Life*... ou pas

Une partie de mon travail se déroule sur Instagram. J'adore **planifier** des mises en scène dans un univers qui semble parfait. Ce que j'aime par-dessus tout, c'est le processus de création de mes photos : choisir le décor, les couleurs, la lumière et les accessoires, comme le maquillage, la coiffure et les vêtements. J'aime aussi travailler sur Photoshop et jouer avec les options pour rendre une photo encore

plus impressionnante. **Beaucoup** de blogueurs modifient leurs photos et rendent les couleurs encore plus éclatantes, le décor encore plus époustouflant. Et c'est le fun. J'adore voir ce que les autres peuvent créer. Le résultat après un peu de travail fait rêver !

Je pense que c'est important dans mon travail de répéter que ce qu'on voit sur mon compte **n'est pas** la réalité, parce que je ne veux pas que vous soyez déprimés en regardant mon contenu. Je n'ai pas un photographe avec moi tous les jours pour capturer tous les moments « glorieux » de ma vie. Je dois créer ces moments moi-même. Et c'est ça qui est important : **je les crée**. Ce n'est **pas** ma vraie vie. En fait, personne n'a une vie comme ça ! Quand je me lève à 4 h du matin pour regarder un lever de soleil en voyage, c'est assez rare que j'aie une jolie robe, un maquillage *on point* et un petit-déjeuner alléchant s'il n'y a pas une photo Instagram à faire. Hahaha !

On passe tous énormément de temps devant un écran à consulter les réseaux sociaux, qu'on soit créateur de contenu ou non. C'est beaucoup de temps occupé à regarder des comptes Instagram où les photos bien filtrées et planifiées ne font transparaître que du positif et des semblants de vies idéales (et je m'inclus à 100 % là-dedans). Personnellement, j'ai compris que ça pouvait devenir nocif lorsque j'ai développé une drôle de relation avec Instagram, il y a quelques mois. J'ai réalisé que je me comparais beaucoup et que ça cassait complètement ma créativité. C'est ironique, parce que j'adore mon travail et que je sais ce qui se cache derrière une photo. Je suis au courant de tous les efforts déployés pour obtenir une belle photo. Pourtant, je me surprends souvent à me remettre en question. Je repense à ce que je fais, à ma vie, à mon style, à mes vêtements, à mon corps, à mon visage. C'est complètement stupide et je le sais… Il ne faut **jamais** laisser les réseaux sociaux mener à de la jalousie, à de la compétition ou à de la comparaison. Mais c'est dur à éviter. En parlant aux gens autour de moi, j'ai réalisé sans surprise que je n'étais pas la seule. L'humain est habitué à douter de lui-même, mais depuis l'arrivée des réseaux sociaux, c'est vraiment *next level*.

*Je dois créer ces moments moi-même. Et c'est ça qui est important : je les crée. Ce n'est pas ma vraie vie. En fait, personne n'a une vie comme ça !*

C'est important de détecter les signaux qui nous font savoir qu'Internet a un effet néfaste sur nous. Dès qu'on se sent découragé par toutes ces images, il faut trouver des moyens pour se protéger et se sentir mieux. L'idéal est de toujours garder en tête que ce qu'on voit sur les médias sociaux ne correspond pas nécessairement à la vraie vie. Je me répète souvent qu'il ne faut pas que je compare ma **vraie** vie avec celle, retouchée et contrôlée, de quelqu'un. Après tout, mes photos à moi sont **planifiées**, retouchées et bien choisies avant d'être publiées sur mon compte et c'est le cas pour beaucoup d'autres blogueuses. Bien souvent, les gens présentent leurs succès dans leurs publications, que ce soit des projets qui fonctionnent, de belles relations, des moments magiques ou des voyages magnifiques. Et c'est correct. Mais chaque personne a aussi une vraie vie derrière ces images, avec des problèmes, des tristesses, des moments moins glorieux.

Le beau est mis de l'avant et le laid est effacé. Mais on ne peut pas toujours être en train de #LiveOurBestLife ! Et ça s'applique à vous également. Je pense que, des fois, on utilise les réseaux sociaux pour prouver quelque chose aux autres ou pour *booster* notre estime de soi, mais ce sont des habitudes malsaines. **Vous n'avez pas besoin de la validation des autres.**

S'il y a une personne sur Instagram qui ne vous fait pas forcément sentir bien dans votre peau et à laquelle vous vous comparez beaucoup, faites-vous une **ÉNORME faveur** et Bye ! Il n'y a aucun mal à se désabonner de comptes qui n'ont pas un impact positif sur vous. Une bonne partie du travail des influenceurs est d'inspirer leurs abonnés. Si les publications de certaines personnes dans votre fil d'actualités vous font plus de mal que de bien, eh bien *ciao* ! *Vous n'avez pas de temps pour ça !*

Une autre solution consiste tout bêtement à passer moins de temps sur les réseaux sociaux. À mon avis, c'est la solution la plus efficace. J'essaie donc d'être moins souvent sur mon téléphone, que ce soit le temps de quelques heures dans une journée ou d'une escapade de quelques jours. C'est devenu important dans ma vie, surtout avec le travail que je fais. Ça peut sembler bien simple, mais combien de fois on se retrouve sur notre téléphone au lieu de faire autre chose qui nous ferait sentir bien mieux ? Laissez tout ça de côté et occupez-vous autrement. Vous pouvez faire quelque chose de productif, comme la vaisselle ou le ménage, ou encore commencer un nouveau projet. Être efficace *booste* l'estime de soi et rend fier. Vous pouvez aussi faire quelque chose qui vous fait plaisir, comme visiter votre famille, inviter une amie au resto, écouter un film ou prendre un bain en lisant un livre. J'ai lu une phrase l'autre jour qui disait : « *Offline is the new luxury* » et je trouve que ça en dit beaucoup.

Au fond, il faut se rappeler qu'on utilise ces plateformes pour le plaisir, pour développer notre créativité, pour trouver de l'inspiration, pour rencontrer des personnes, pour rester en contact avec nos proches. Mais ne comparez jamais votre **vraie vie** avec la vie **embellie** des autres.

# FAQ vos pref vous répondent

J'avais envie de poser quelques questions à des amis YouTubeurs que j'admire, pour que vous puissiez lire leurs conseils ou leurs histoires. Voici leurs réponses.

## Qu'est-ce que YouTube et les réseaux sociaux t'ont apporté de plus beau ?

Cam Grande Brune : La première chose qui me vient en tête, ce sont les amitiés ! J'ai rencontré la quasi-totalité des personnes les plus proches de moi, des gens extrêmement précieux à mon cœur, grâce à YouTube ! Ça m'a également permis d'avoir un mode de vie plus « libre », si on veut. J'ai réduit le nombre de jours au travail pour pouvoir travailler davantage sur ma passion : créer !

Amélie Barbeau : J'ai découvert YouTube à l'âge de 16 ans. Tout le monde autour de moi avait une passion ou un rêve. Moi, je n'avais rien de précis. Puis, YouTube est entré dans ma vie et je me suis mise à publier des vidéos, à interagir avec les gens et à faire la connaissance d'autres YouTubeurs. C'est comme ça que j'ai découvert ma passion. Maintenant, c'est mon travail !

Jessibouu : Je crois que YouTube m'a fait réaliser que tout est possible si on croit en soi. Quand j'ai débuté, je savais que j'avais ce rêve de devenir une grande YouTubeuse et qu'il fallait que je travaille fort pour qu'il se réalise. Voir ma chaîne monter au cours des trois dernières années m'a fait comprendre que lorsqu'on est passionné par ce qu'on fait et déterminé à atteindre ses buts, nos rêves peuvent se réaliser. Par exemple, j'ai toujours rêvé de visiter Paris et le fait que j'aie pu y aller grâce à mon travail sur YouTube me donne vraiment un sentiment d'accomplissement. C'est un beau constat pour moi, puisque ça me permet de me dire que si j'y mets mon 110 %, de belles choses peuvent se réaliser.

## Quels messages trouves-tu important de transmettre aux jeunes qui te suivent ?

Emma : Une des choses que j'essaie d'appliquer le plus possible dans ma vie de tous les jours et que je trouve extrêmement importante, c'est de traiter tout le monde de la même façon. Peu importe le sexe, la nationalité, le métier, la religion, l'orientation sexuelle, etc. : on est tous égaux et on mérite tous d'être traités de façon respectueuse. Ça semble évident, mais il y a encore beaucoup de préjugés et de discrimination envers certaines personnes dans notre société. Comme c'est une réalité qui vient me toucher, je sens que j'ai la responsabilité d'en parler. J'aimerais utiliser mes plateformes pour en discuter davantage et faire une différence.

Amélie Barbeau : Mes proches me disent souvent qu'entre mes vidéos et la personne que je suis, il n'y a pas beaucoup de différence, et ça, c'est hyper important pour moi. Je veux que les jeunes comprennent que c'est important de rester soi-même, de ne pas embellir la réalité pour impressionner les autres, de vivre pour soi ! Oui, c'est le fun de mettre de belles photos sur Instagram, mais je ne retouche rien de plus que les couleurs. Si j'ai un bouton dans le front, eh bien tant pis !

Jessibouu : Touts les jeunes garçons et filles qui me suivent méritent de savoir qu'ils sont importants. Peu importe qui ils sont, ils ont le droit d'être heureux et tout simplement eux-mêmes. Ça peut sembler extrêmement cliché, mais c'est important pour moi qu'ils connaissent leur valeur. Avant de démarrer ma chaîne YouTube, j'avais mes propres insécurités. J'avais peur d'être complètement moi-même et de créer des vidéos sur Internet. Grâce à quelques YouTubeurs que je suivais régulièrement, j'ai découvert que je n'étais pas seule et que je devais suivre ma passion. J'avais le droit d'être heureuse. Si une personne se moquait de moi parce que je faisais ce que j'aimais le plus au monde, tant pis pour elle. J'espère avoir la même influence que mes YouTubeurs préférés ont eue sur moi à l'époque.

Elie Duquet : Pour moi, posséder une plateforme me permettant de m'exprimer sur Internet est aussi synonyme de responsabilité. Même si j'adore rire et que je n'ai pas peur du ridicule, il est important pour moi de me servir de ma tribune pour aborder des sujets un peu plus sérieux et tabous par moments. Je crois qu'une des plus grandes missions de ma chaîne YouTube est de faire comprendre à tous ceux qui m'écoutent que c'est possible de s'aimer pour vrai. Peu importe notre apparence physique, notre poids, la forme de notre nez ou la taille de notre soutien-gorge, l'amour intrinsèque nous fait voir la vie d'une tout autre façon. Plus facile à dire qu'à faire ? Oui, absolument ! Ce n'est qu'à l'aube de mes 30 ans que je suis enfin en paix avec moi-même. La confiance en soi n'est malheureusement pas quelque chose que l'on enseigne à l'école, mais j'espère être en mesure d'inspirer les jeunes à s'accepter un peu plus chaque jour et à réaliser à quel point la vie est belle lorsqu'on se donne tout l'amour qu'on mérite !

PL Cloutier : Je ne me donne pas vraiment la mission de passer un message. Ce qui compte le plus, c'est qu'on finisse de regarder mes vidéos et qu'on n'ait pas trouvé ça plate ! On me dit souvent que je redonne le sourire, et c'est le meilleur commentaire qu'on peut me faire ! Je n'aime pas faire des trucs dramatiques, choquants ou dénonciateurs. On pense souvent à moi comme quelqu'un qui fait des vidéos pour la cause LGBTQ+, mais je n'en fais pas souvent. Je trouve plus important de montrer que, malgré la différence, on peut avoir une vie extraordinaire, à la hauteur de nos attentes. Quand j'étais ado et que je vivais des questionnements difficiles en lien avec mon orientation sexuelle, j'aurais aimé pouvoir regarder quelqu'un pour me donner l'espoir que ça ira mieux. Avec mes vidéos, j'ai donc envie de montrer qu'après toutes les angoisses, la vie m'a permis de voyager, d'avoir un boulot que j'aime, de me faire des amis, d'avoir une belle maison... et peut-être de connaître l'amour bientôt ? En tout cas, j'aimerais ça (avis aux intéressés !).

Cam Grande Brune : Je pense que ce qui me charme le plus chez les autres, c'est l'ouverture d'esprit. C'est donc évidemment l'une des valeurs que j'essaie de transmettre par mon contenu. Je prends beaucoup de plaisir à aborder toutes sortes de thèmes plus ou moins tabous sur ma chaîne et mes réseaux sociaux. Ce qui me plaît le plus, c'est de me rendre compte que mes abonnés sont capables d'amener leurs idées de manière hyper respectueuse. À mon avis, il est possible de parler de tout. Il suffit d'aborder le sujet de la bonne manière.

## Qu'aimerais-tu dire à ton toi qui commençait sur Internet ?

Emma : Des gens vont t'aimer et d'autres gens ne t'aimeront pas. En publiant des créations sur Internet, on s'expose aussi à la critique : je n'ai jamais reçu autant de messages négatifs que lorsque j'ai commencé ma chaîne. D'un autre côté, je n'ai jamais reçu autant d'amour. C'est parfois difficile de s'y retrouver ! L'important, c'est de continuer à faire ce que tu aimes, peu importe l'avis des autres. Garde en tête que tu le fais pour toi.

## Comment vois-tu ta chaîne dans 5, 10 ou 15 ans ?

PL Cloutier : J'ai de la difficulté à voir où ira ma chaîne dans six mois ! Je ne suis pas bon pour faire des plans à long terme. J'ai commencé ma chaîne YouTube un peu par accident et tout ce qui est arrivé depuis la première fois où j'ai appuyé sur « publier » n'était pas prévu. Même dans mes plus grands rêves, je ne pensais pas vivre autant de belles choses que tout ce qui s'est passé depuis la première vidéo. Dans le fond, ce que je souhaite le plus, c'est de continuer d'être intéressant pour ceux qui me suivent depuis le début, le plus longtemps possible. Nos goûts changent avec le temps et j'espère que mes goûts vont continuer à avoir du sens pour ceux qui me suivent et grandissent en même temps que moi. On va être des beaux Wadawers en 2050, tout plissés avec nos bons verres de vin ! J'ai presque hâte !

Jessibouu : J'ai commencé ma chaîne YouTube parce que j'ai développé une passion dévorante pour la création de vidéos. Je ne sais pas où je serai dans ma vie à 25 ou 30 ans, mais j'espère que je ferai toujours quelque chose que j'aime. YouTube est toujours en changement, c'est donc plutôt difficile de dire exactement où en sera ma chaîne. Malgré tout, elle restera toujours mon petit bébé, l'endroit où je garde plein de souvenirs et où je peux me permettre de faire ce qui me passionne le plus.

Amélie Barbeau : Je ne le sais tellement pas ! Je ne me projette pas vraiment dans la vie, je vis au jour le jour et je profite grandement de ce qu'on m'offre. Dans cinq ans, j'aurai 28 ans, et dans 15 ans, j'aurai 38 ans. Est-ce que j'aurai encore du contenu à donner ? Est-ce que mon public aura grandi avec moi ?

C'est vraiment des questions auxquelles je ne peux répondre, mais d'ici cinq ans, j'espère encore être sur YouTube à publier souvent ma vie et mes conseils.

Emma : Je ne sais pas du tout et c'est très bien comme ça. Je ne me mets pas trop de pression pour la suite. Ça m'a déjà fait plutôt peur, mais je sais maintenant que je préfère y aller un jour à la fois. J'ai énormément de passions, toutes différentes les unes des autres, et je ne me limiterais jamais à un seul travail. Ce n'est pas moi. Je préfère que ma vie change et essayer plein de choses variées ! J'espère simplement que ma chaîne YouTube me suivra à travers les années et que j'aurai toujours cette passion de créer du contenu, parce que ça fait de merveilleux souvenirs.

## As-tu déjà vécu une histoire touchante grâce à un abonné ?

Cam Grande Brune : Le plus touchant, mais aussi le plus difficile, c'est quand des jeunes en détresse nous écrivent pour demander de l'aide. Ça m'est arrivé quelques fois. Ce n'est pas évident, parce qu'on n'est pas formés pour ça. J'ai l'habitude d'écouter avec douceur et ensuite de référer le jeune vers des organismes qui sont là pour l'aider, comme Tel-Jeunes ou Jeunesse, J'écoute. On n'a pas souvent de nouvelles après coup, alors j'espère qu'ils vont tous bien.

## À quel moment t'es-tu rendu compte que tu avais un impact sur les gens ?

Emma : Lors du premier événement où j'ai invité les gens à venir me rencontrer. C'était pour ma première séance de dédicace de livres. J'avais demandé à ma maman de venir avec moi car je pensais être toute seule... j'ai finalement passé près de six heures à vous rencontrer, à vous parler, à prendre des photos. C'était la première fois que plusieurs d'entre vous m'ont raconté des histoires touchantes ou difficiles, et que j'entendais des gens me dire que le fait de regarder mes vidéos les aidait au quotidien. Je sais que certains YouTubeurs ont changé ma vie lorsque j'étais plus jeune et m'ont aidée dans des moments plus difficiles, mais jamais je n'aurais imaginé avoir un jour cet impact sur d'autres personnes. J'ai encore du mal à le réaliser. Le lendemain, j'ai lu pendant des heures les lettres que j'avais reçues pendant l'événement sans pouvoir m'arrêter de pleurer.

Elie Duquet : Lorsque j'ai choisi de parler publiquement de mon trouble alimentaire pour la première fois, j'avais vraiment l'impression que personne n'écouterait ma vidéo ou se sentirait interpellé par mon message. J'ai tout de même senti le besoin de le faire, parce que je m'étais promis, à l'époque, de partager mon témoignage si un jour je réussissais à m'en sortir. J'étais même un peu fâchée de m'être fait cette promesse et j'ai failli reculer au dernier moment. Je me sentais ridicule de divulguer autant d'informations intimes honteuses (que plusieurs de mes proches ne connaissaient même pas !) pour espérer aider une ou deux personnes. Oh que j'avais tort ! Jamais au grand jamais je n'aurais pu imaginer que mon parcours allait toucher autant de gens. Encore moins leur permettre de mettre des mots sur une souffrance qu'ils vivaient en silence depuis si longtemps et d'entamer une démarche vers la guérison.

C'est à ce moment que j'ai réalisé l'impact que je pouvais avoir en restant fidèle à moi-même et à mon histoire, en partageant le beau et le moins beau dans ma vie. Nous sommes tous humains, nous avons tous des moments difficiles et ça fait tellement de bien de se sentir compris, même par une étrangère sur Internet ! On se sent seul au monde à force de tout enfouir, de peur de montrer nos faiblesses, alors qu'il faudrait pourtant faire totalement l'inverse. Le seul fait d'assumer qu'on a tel ou tel problème et qu'on aurait peut-être besoin d'aide est la meilleure façon de collectivement se sentir mieux et de s'enlever cette pression d'être parfait tout le temps !

PL Cloutier : Avec ma tournée de spectacles « Bonne fête à moi », j'ai rencontré des milliers de personnes abonnées à mes vidéos. Ça arrivait souvent que le *meet-up* durait plus longtemps que le spectacle lui-même. C'étaient des moments incroyables pour rencontrer tout le monde et plusieurs en profitaient pour me dire combien mes vidéos avaient pu les aider à traverser des moments plus difficiles ou encore me donner une lettre pour me raconter en quoi elles leur avaient redonné le sourire. C'est tellement touchant de savoir qu'on me fait assez confiance pour me raconter ces histoires hyper personnelles que je ne raconterai jamais à personne... sauf parfois à ma mère, ma sœur, mes amis, mes cousins, ma voisine, mon beau-père, la fille qui vend des palettes de chocolat pour son école, le concierge de mon immeuble, la caissière à la pharmacie, mon coiffeur, le livreur de UberEat et le gars de FedEx qui passe avec mes colis ! (Ben non, c'est pas vrai ! J'en parle à personne !)

# SANTÉ *Prends soin de toi* MENTALE

Je ne sais pas si c'est parce que nos vies sont de plus en plus intenses ou parce que les gens parlent maintenant plus ouvertement de santé mentale (*yesss!*), mais j'ai l'impression d'entendre beaucoup plus souvent parler d'anxiété, de dépression, de surcharge de travail et d'autres problèmes de santé mentale. C'est un peu normal : on vit dans un monde où tout va très vite et où on est constamment **poussé à performer.** Ça ne nous aide pas du tout à adopter un mode de vie sain et reposant. Entre le travail, l'école, les amis, les travaux, les sorties et la pression de réussir et de bien paraître, il est important de se demander si on va bien.

Je vous explique dans ce chapitre **ma relation avec ma santé mentale,** chose que je n'ai jamais fait auparavant. (Iiih, une raison de plus d'être anxieuse. Pour vrai, je suis quand même stressée d'écrire ce chapitre.) Je ne suis pas une spécialiste dans le domaine, je vous fais plutôt part de mon expérience et vous donne quelques conseils qui m'aident dans la vie de tous les jours. J'espère vraiment que mon expérience pourra vous aider si vous vivez le même genre de problème.

Commençons par le début : j'ai toujours été de nature anxieuse. En fait, j'ai longtemps pensé que j'étais seulement une personne stressée, jusqu'à ce que ce stress **gâche complètement mon quotidien.**

Je me sens rapidement submergée quand il se passe trop de choses autour de moi ou quand un grand nombre de tâches s'accumulent. Je ne suis pas à l'aise dans les foules ni dans les transports en commun, et je préfère de loin les soirées à la maison avec des amis que celles passées dans les bars. Je me trouve parfois un peu *socially awkward*... C'est difficile à gérer avec la vie que je mène, remplie de *meet-ups*, d'entrevues et de rencontres pour des projets. J'essaie que ça se remarque le moins possible quand j'interagis avec des gens, que je tourne des vidéos ou que je suis en public. Je suis devenue plutôt douée pour masquer mes angoisses et avoir l'air calme alors que c'est le chaos dans ma tête.

*Entre le travail, l'école, les amis, les travaux, les sorties et la pression de réussir et de bien paraître, il est important de se demander si on va bien.*

Depuis environ deux ans, je peux faire des crises de panique à n'importe quel moment et à n'importe quel endroit, même quand il n'y a aucune raison de s'inquiéter. Dans les pires périodes, j'ai du mal à sortir de chez moi. C'est très difficile pour mon moral. C'est terrifiant et ça me prend beaucoup d'énergie. Quelqu'un qui vit régulièrement des crises de panique est souvent complètement exténué.

Ma première vraie crise s'est passée pendant un *meet-up*. (Allô aux abonnés qui étaient présents, vous m'avez vue dans un moment très peu glorieux ! Haha !) Je ne comprenais pas du tout ce qui se passait. J'ai donc essayé de me calmer sans avertir personne autour de moi, jusqu'à ce que mon corps ne soit plus en mesure de fonctionner normalement. C'est très difficile à expliquer et je pense que les symptômes sont différents pour tout le monde. Dans mon cas, j'ai énormément de difficulté à respirer, j'ai très mal aux poumons et à la gorge, je me sens extrêmement faible, je tremble et je suis incapable de me concentrer ou de parler normalement. J'ai parfois aussi l'impression que je ne vais pas m'en sortir et c'est terrifiant. J'ai vécu d'autres crises assez régulièrement par la suite. J'ai

*Ne pas parler de notre santé mentale, lorsque nous ne sommes pas bien dans notre tête, nous entraîne dans un cercle vicieux. Ça ne s'en va jamais tout seul, ou en tout cas très rarement. S'il y a une seule chose à retenir de ce chapitre, c'est qu'il faut en parler et aller chercher de l'aide.*

d'abord essayé de vivre ça toute seule, sans en parler, de peur d'inquiéter mon entourage. Je me disais que j'allais finir par régler ça par moi-même, ce qui est complètement FAUX !

Ne pas parler de notre santé mentale, lorsque nous ne sommes pas bien dans notre tête, nous entraîne dans un cercle vicieux. Ça ne s'en va jamais tout seul, ou en tout cas très rarement. S'il y a une seule chose à retenir de ce chapitre, c'est qu'il faut en parler et aller chercher de l'aide. Si tes problèmes t'empêchent de vivre comme tout le monde, c'est un signal d'alarme. Dans mon cas, j'avais l'impression que personne ne pouvait m'aider, mais **j'avais tort**.

Il faut vraiment essayer de prendre soin de soi au quotidien. On peut y arriver de plein de façons différentes, selon sa personnalité, ses goûts et ses intérêts.

# Petits trucs pour mieux gérer son anxiété

Voici quelques trucs qui m'aident à mieux contrôler mon anxiété dans la vie de tous les jours. Évidemment, je ne suis pas une spécialiste ! Il n'y a rien ici qui guérira complètement un trouble anxieux. Ce sont simplement des méthodes toutes simples qui peuvent aider à traverser une situation stressante.

**Dormir suffisamment.** Les moments où j'ai le plus de mal à gérer mon anxiété sont ceux où je manque de sommeil. On dirait alors qu'un rien m'affecte. Je m'inquiète encore plus que d'habitude de choses banales du quotidien. J'essaie donc d'avoir une routine de sommeil et de la respecter le plus possible. Je me couche et me lève à peu près à la même heure tous les jours et je trouve que ça a un effet FOU sur ma santé physique et mentale. Je sais que ça peut sembler plate, mais je tente de le faire au moins les jours de semaine. Je m'endors plus tranquille lorsque je ne passe pas de temps sur mon téléphone juste avant d'aller dormir. Je fais également jouer un bruit de fond relaxant, parce que j'ai un sommeil très léger et que je me réveille au moindre bruit si je dors dans un endroit silencieux. S'il y a un bruit de fond constant, mon oreille s'y habitue et les autres bruits sont camouflés, d'une certaine façon. J'utilise des applications sur mon téléphone qui proposent des bruits de fond relaxants, comme la pluie qui tombe ou un ventilateur en marche. Ça peut avoir l'air spécial, mais ça aide !

Crosley

**Deux mots : #Self Care**. Je prends du temps pour moi en lisant un livre, en regardant un film ou une série, en me payant un bon dessert ou en prenant un bain (vive Lush, avec ses bombes de bain aux odeurs relaxantes !). J'essaie généralement de m'installer dans un endroit calme où je me sens bien, et de faire quelque chose qui me plaît. Je vous le dis, s'offrir une *date*, ça fait du bien ! Une autre de mes activités ultime : aller au spa et rester dans les salles de relaxation pour lire un livre. Je pourrais faire ça toute ma vie. #PassionSpa J'aime aussi aller marcher avec mon chien. Peu importe l'activité, l'important est de trouver quelque chose qui vous fait du bien et que vous ne prenez pas assez le temps de faire.

Pendant un moment, je n'arrivais pas à être bien seule. J'avais l'impression qu'il me manquait quelque chose. Il fallait que je sois avec des amis, un amoureux ou ma famille. Je n'étais pas à l'aise à l'idée de faire une activité seule, donc je ne prenais jamais le temps de relaxer et de prendre soin de moi. Je trouvais ça ennuyant, alors que ça a un effet si bénéfique sur l'esprit. On ne peut pas être entouré 24 heures sur 24. Il est important de savoir prendre soin de soi quand on est seul. On aime que notre amoureux ou notre amoureuse nous invite au resto, alors pourquoi ne pas être aussi content lorsqu'on se l'offre ? Prendre soin de soi, c'est aussi être capable de se rendre heureux par soi-même, sans personne d'autre. Et c'est super important.

*Bien s'alimenter.* Je fais également *un peu* plus attention à ce que je mange. Je suis la *queen* du « j'oublie de faire mon épicerie et je me fais livrer des plats toute la semaine ». Une fois, j'ai même été jusqu'à supprimer les applications de livraison de nourriture de mon téléphone parce que j'étais trop découragée de moi-même. Je ne suis pas la meilleure en cuisine (genre, vraiment pas), mais après trois ans en appartement, je peux vous garantir que ce que vous mangez quotidiennement a un impact sur votre moral ! J'essaie donc de faire attention à ce que je mets dans mon assiette. Si vous détestez vous rendre à l'épicerie, faites-la en ligne. Plusieurs commerces permettent désormais de faire ses courses à partir de leur site Web. On choisit ce qu'on veut et c'est livré le lendemain. En plus, on peut enregistrer ses listes pour simplement recommander la même chose chaque fois. J'essaie de faire des plats qui sont bons pour ma santé mais aussi au goût.

*Faire de l'activité physique.* Je n'aime pas du tout faire du sport. Je ne serai jamais le genre de personne à aller dans une salle de sport cinq fois par semaine (ou à aller dans une salle de sport tout court… haha !), mais le fait de me bouger les fesses de temps en temps a un impact énorme sur mon niveau d'anxiété. Les étirements, la course et la méditation, par exemple, sont des exercices que vous pouvez faire facilement pour prendre une pause et relaxer un peu. Pas besoin de devenir super sportif ! L'important est de trouver une activité physique que vous aimez et de la pratiquer de temps en temps. J'ai aussi l'impression que même si le sport n'est pas forcément mon activité préférée #Lazy, le reste de ma journée se passe toujours mieux après. J'ai un sentiment d'accomplissement, donc un petit *boost* de confiance en moi, les idées beaucoup plus claires, plus de facilité à me concentrer et je m'endors plus rapidement le soir, donc je bénéficie de plus d'heures de sommeil pour affronter la journée du lendemain. *Win, win!* Je ne sais pas si c'est quelque chose qui aide tout le monde, mais pourquoi ne pas essayer?

**Décrocher.** Se couper de ce qui nous entoure habituellement: travail, téléphone, réseaux sociaux, #Byebye. La majorité des trucs que je donne servent à se vider la tête et celui-là est certainement l'un des meilleurs. Mon endroit pref: en nature, loin de la ville, sans réseau. L'été, j'aime me rendre en voiture jusqu'à une plage aux États-Unis, et l'hiver, je marche en forêt. Quelques heures au parc Mont-Royal ou une longue fin de semaine dans le Vermont, ça fait vraiment du bien. Le fait de se couper du reste du monde pendant quelques instants ou quelques jours aide à éliminer tout le «bruit» inutile environnant et nous oblige à nous concentrer sur ce qui est important: notre bien-être.

**Évacuer ses émotions.** Ne pas garder toutes ses émotions à l'intérieur. Tu peux les confier à quelqu'un de confiance, les écrire dans un journal, exprimer tes sentiments à travers l'art visuel ou la musique. C'est important de ne pas garder du stress, de la colère, de la tristesse ou des idées noires à l'intérieur. Il faut trouver un moyen d'évacuer tout ça.

**Ne pas hésiter à voir un médecin.** N'hésite jamais à aller chercher de l'aide. Ça peut faire toute la différence.

**En parler à son entourage.** Quand mes symptômes d'angoisse sont devenus plus sévères, j'ai décidé d'en parler à une amie à la fois. Je pense que je suis bien entourée, car mes amies me comprennent toutes sans forcément vivre la même chose que moi. Je pense que lorsqu'on est prêt, il est important de parler de ce genre de problème à son entourage. C'est un trop gros secret à garder pour soi et on se sent tellement mieux quand les gens qui nous entourent nous connaissent à 100 % et sont au courant de ces choses-là. On découvre aussi qui sont les vrais amis, ceux qui sont là pour toi *no matter what* !

Ça permet aussi de ne pas dépasser ses propres limites pour faire plaisir aux autres. Tout se dit dans la vie et si tu sens que tu ne peux pas sortir de chez toi, c'est correct. Tes amis comprendront que tu as besoin de prendre du temps pour toi. Et s'ils sont déjà au courant de ta situation, ils se montreront encore plus compréhensifs.

**Faire face aux conflits et apprendre à lâcher prise.** Je vis très mal les disputes. S'il y a un malentendu ou si quelqu'un est fâché contre moi, je peux passer beaucoup de temps à y réfléchir et ça me stresse énormément. Je dois me forcer à régler le problème pour arrêter d'y penser. C'est souvent plus simple (et moins long) d'aller discuter avec la personne et ça enlève un énorme poids de nos épaules. Plus vite on affronte ce qui nous crée du souci, plus vite on peut passer à autre chose. C'est important d'apprendre à lâcher prise aussi. De ne pas s'inquiéter pour rien, surtout pour des choses que l'on ne peut pas contrôler. S'il y a un malentendu qui n'est pas forcément de votre faute et que vous ne pouvez pas régler, *let it go* (comme Elsa !).

**Faire de la zoothérapie**. Je crois vraiment en la zoothérapie et avoir un chat m'aide énormément ! Mitaine est SUPER affectueuse. Si j'ai besoin de me calmer dans une période difficile, je m'assois avec elle et je la caresse jusqu'à ce que je me sente mieux. Tout le monde ne peut évidemment pas adopter un animal (il y a aussi des gens qui n'aiment pas les animaux, haha !). On peut manquer de temps, d'espace ou d'énergie, auquel cas l'adoption d'un animal pourrait devenir une source de stress supplémentaire. Il faut donc bien y réfléchir avant de se lancer dans ce projet à très long terme ! Mais si vous avez la possibilité et l'envie d'adopter un animal, vous découvrirez rapidement que ce nouveau compagnon sera un allié très important. S'occuper d'animaux de compagnie demande certes beaucoup de travail, mais ils nous aident tellement en retour.

Je sais que mon anxiété ne partira jamais complètement. (Si seulement ! *Ciao bye !* ). Il faut que j'apprenne le plus possible à la contrôler et à vivre avec. C'est un long cheminement et ce n'est pas facile tous les jours. J'espère que ce chapitre vous aidera si vous vivez avec tout ça. Prenez soin de vous, c'est ça l'important ! ♥

RESPECTONS TOUTES LES
PERSONNES TOUCHÉES PAR
DES TROUBLES DE SANTÉ
MENTALE SANS EXCEPTION

SOUVENIRS
Canon
G7X

# VOYAGE II

*Anecdotes et souvenirs*

Je me considère comme vraiment chanceuse parce que mon travail m'amène parfois à visiter des endroits autour du monde. C'est grâce à des voyages comme ça que cette passion s'est développée. Maintenant, j'essaie de partir le plus souvent possible, soit pour le travail ou pour le plaisir. J'aime découvrir le monde et en parler sur mon blogue ou ma chaîne YouTube. Cela me permet d'accumuler plein de souvenirs et d'excellentes anecdotes… même si le voyage ne se déroule pas exactement comme prévu. En voici quelques-unes !

## Mes voyages favoris

Californie : J'avais l'impression de connaître la Californie par cœur parce qu'une grande majorité des blogueuses et YouTubeuses que j'aime depuis des années y habitent. Je connaissais déjà les restos populaires et les endroits à ne pas manquer, mais je ne pensais pas être aussi émerveillée par mon voyage. Tout était plus beau que ce que j'avais en tête et il y avait tellement de choses à faire ! J'ai aimé les options santé dans les restos, le parfait mélange ville et nature, les beaux cafés, la côte Ouest et Venice Beach. Je n'y suis restée que dix jours, mais j'aurais pu m'occuper pendant des semaines. Ce que j'y ai préféré : le vélo sur le bord de Venice Beach, les petits-déjeuners (au Butcher's Daughter, sur Abbot Kinney Blvd) et le voyage en voiture de Los Angeles à San Francisco, sur une route où on ne longe que des plages et des falaises. Les points de vue sont juste ma-gni-fi-ques, surtout à la fin de la journée lorsque le soleil se couche. C'est un de mes plus beaux souvenirs de voyage !

Colombie-Britannique : Je suis allée une semaine à Vancouver avec ma maman. On a visité la ville et fait pas mal de promenades dans les montagnes. Les forêts sont tellement belles ! Ma préférée est celle du mont Grouse. Je pense que je n'avais jamais vu d'arbres aussi gros et grands de ma vie. On se sent vraiment seul au monde, en pleine forêt, et c'est super reposant. Une des activités que j'ai préférées a été de monter au sommet d'une montagne en téléférique. On est passé par-dessus les arbres, dans un wagon accroché à un câble. On était si haut que, parfois, on ne voyait pas grand-chose à cause des nuages. La vue était superbe. On a aussi traversé le pont suspendu de Capilano, perché à 70 m au-dessus d'un fleuve. C'était vraiment *cool* comme expérience. J'ai aussi trouvé que Vancouver était une ville super écolo et conscientisée en matière d'environnement et je trouve ça vraiment super que les gens fassent attention à la nature comme ça.

*J'aime découvrir le monde et en parler sur mon blogue ou ma chaîne YouTube. Cela me permet d'accumuler plein de souvenirs et d'excellentes anecdotes...*

Portugal : Mes parents et ma petite sœur étaient déjà au Portugal depuis un moment et je suis allée leur rendre visite pour une dizaine de jours. J'ai aimé visiter la ville de Lisbonne. Les maisons et les bâtiments sont magnifiques. C'est super coloré et il y a des maisons décorées de tuiles blanches et bleues. C'est tellement beau ! La seule chose que je faisais de mes journées était de me promener un peu partout dans la ville pour tomber sur de jolis coins. J'ai aussi aimé les plages et prendre des cours de surf. Je pense que ma sœur et moi n'étions pas de niveau parce que tout le monde était meilleur que nous. On avait toujours besoin que

le prof nous réexplique tout. Oups ! Mais on le trouvait aussi vraiment *cute* donc ça ne nous dérangeait pas. Haha ! C'est un de mes endroits préférés sur terre. Il fait tout le temps beau et les gens sont trop gentils.

Grèce : J'ai vraiment du mal à choisir, mais je crois que c'est le plus beau voyage que j'ai fait jusqu'à maintenant. L'architecture des villes et des maisons sur les petites îles comme Santorin est magnifique. J'ai seulement visité Mykonos et Santorin parce que c'était ma première fois en Grèce et que je n'y restais que dix jours. La prochaine fois, j'aimerais en faire beaucoup plus. J'ai adoré les vues incroyables, les couchers de soleil, les belles maisons typiquement grecques et la nourriture. (C'est aussi à ce moment que j'ai amené mon drône et qu'on m'a dit que les batteries pouvaient prendre feu dans l'avion. Hahaha !) J'ai pris le temps de filmer un beau résumé du voyage qui est en ligne sur ma chaîne et c'est une de mes vidéos préférées.

## Souvenirs

Une de mes amies a un carnet de voyage et, chaque fois qu'elle va quelque part, elle collectionne plein de souvenirs comme des billets de train ou de musée et des photos. Elle les colle dans son carnet et écrit un petit résumé de ses journées. Je trouve ça trop *cute*. Vous pouvez aussi ramener quelque chose de l'endroit que vous visitez. Sur le coup, ça peut avoir l'air anodin, mais quand on le regarde plusieurs mois après notre séjour, ça peut rappeler de beaux souvenirs. L'idée du journal de voyage est ma préférée de toutes. Je l'ai mise en pratique pour seulement un de mes voyages, mais c'est quelque chose que j'aimerais faire plus souvent. Comme j'aime beaucoup dessiner et écrire, c'est un passe-temps trop le fun à faire pendant le périple.

### Liste de choses à mettre dans votre journal de voyage

- emploi du temps
- liste de choses à faire
- résumé de vos journées
- dessins qui illustrent votre séjour
- photos, Polaroid, souvenirs papier
- cartes

californie 2018
Big Sure
The Butcher's Daughter
ROAD 101

Colette
Miller

## L’histoire d’un voyage où tout va mal : Hawaii

Quand mon amie Delphine et moi sommes allées à Hawaii, nous avons été très surprises du coût de la vie. Tout y est très cher : les hôtels, la nourriture, les activités, etc. On ne s’attendait pas à ça et on n’avait pas prévu un gros budget.

Heureusement, les cinq premières nuits de notre séjour ne devaient rien coûter, puisque j’avais réussi à obtenir des collaborations avec des hôtels. Nous serions logées gratuitement pendant quelques jours si je parlais des hôtels en question sur mes réseaux sociaux. J’aime ce genre de collaboration, parce que ça me permet de prendre de belles photos et de parler d’endroits différents de ce dont je vous parle habituellement. Je ne pourrais jamais me payer des nuits dans des hôtels comme ceux où on a dormi, mais je trouve ça *cool* que mon travail m’amène à faire ce genre de choses ! Pour les autres nuits du périple, nous avons décidé de réserver une fois rendues à Hawaii.

*On s’est dit que ce n’était pas la fin du monde, qu’on dormirait mal dans le pire des cas, que ce n’était que pour quelques jours, et que, surtout, on n’avait pas vraiment le choix.*

Attendre le dernier moment n’était pas la meilleure idée, parce qu’il ne restait plus énormément de choix lorsque nous avons entamé les recherches pour trouver notre prochaine chambre. Les rares endroits abordables ne faisaient pas du tout envie… et un seul avait des disponibilités. Nous nous sommes rendues sur le site Web d’une auberge de jeunesse, un peu inquiètes… Les commentaires des anciens clients étaient horribles : « très sale », « plein d’insectes », « les draps ne sont pas lavés » et « ça sent mauvais ». On s’est dit que ce n’était pas la fin du monde, qu’on dormirait mal dans le pire des cas, que ce n’était que pour quelques jours, et que, surtout, on n’avait pas vraiment le choix. On a donc réservé une chambre dans cette auberge et continué de vivre la vie de princesse dans les beaux hôtels sans penser à ce qui nous attendait. Jusqu’à ce que la journée du départ arrive.

Pour se rendre jusqu’à notre auberge, il fallait utiliser les transports en commun.

Imaginez un très vieux bus bondé qui roule beaucoup trop vite. Dans le milieu de tout ce beau monde, on tentait de peine et de misère de maintenir nos valises en place. Ah, et c'était un trajet de trois heures et on devait prendre trois bus différents pour se rendre jusqu'à l'autre bout de l'île. Les gens qui me connaissent bien savent que j'ai très facilement le mal des transports. Eh bien, devinez quoi ! J'ai été malade devant tout le monde. Oui, oui, j'ai vomi dans un autobus. Une chance que j'avais un sac de plastique avec moi, LOL. J'essayais de bien viser le sac, tout en tenant ma valise parce que l'autobus bougeait beaucoup. C'était l'enfer. Tout ce que je voulais, c'était sortir de là. En plus, ça sentait tellement mauvais à cause de moi ! Les gens se bouchaient le nez, c'était la honte totale. Quand j'y repense, je trouve ça vraiment drôle, mais sur le coup… ouf, c'était horrible.

J'étais bien contente de quitter le dernier autobus et son léger parfum de vomi. J'étais toute blanche et je faisais vraiment pitié. À l'auberge, l'employé de service nous a accueillies de façon méga nonchalante, nous a remis les clés de la chambre et a fini par nous lancer : « Mais vous n'avez pas amené de couvertures ? On n'en fournit pas et une température glaciale est annoncée cette nuit. » J'ai échangé un regard de panique avec Delphine. Ce n'était pas du tout une bonne nouvelle, puisqu'en plein hiver, il fait très froid la nuit à Hawaii. On a fini par dormir avec nos manteaux et par presque mourir de froid. On avait l'air vraiment fou.

En plus, la chambre sentait TELLEMENT mauvais. Ça vous est déjà arrivé d'oublier quelque chose de mouillé, comme un maillot ou une serviette, dans le fond d'un sac ? Vous avez en tête la forte odeur d'humidité qui s'en dégage après quelques jours? Eh bien, c'était exactement l'odeur de la chambre. Sans parler des taches de moisissure un peu partout et de nos colocs de chambre, les insectes ! J'adore rencontrer de nouvelles personnes en voyage, mais des coquerelles... pas mal moins. Étonnamment, dans tout ça, mon amie et moi étions super positives. On se disait constamment que ce n'était pas si mal sur un ton beaucoup trop enjoué !

J'ai ensuite compris, en allant me coucher, que la péripétie dans l'autobus n'était peut-être pas due au mal des transports. J'ai commencé à me sentir très étourdie... et puis j'ai été malade... toute la nuit. Pour ne pas déranger mon amie avec mes allers-retours fréquents vers les toilettes, j'ai décidé de m'installer sur un canapé près de la salle de bain. Je ne pense pas avoir passé de nuit plus désagréable que celle-là. J'essayais d'oublier les insectes qui couraient tout près de moi, l'odeur de saleté et de moisissure, et les ronflements des autres clients de l'auberge (que j'entendais comme s'ils étaient juste à côté de moi). Je me suis levée presque toutes les heures pour courir vers les toilettes. C'était la pire nuit *ever*. En me réveillant, j'ai réalisé que j'avais des piqûres partout. SURPRISE ! J'avais passé la nuit avec des puces de lit. Hahaha ! Sur le coup, j'ai trouvé tout ça presque drôle. On était tellement découragées, mais au fond, qu'est ce qui pouvait nous arriver de pire ? Tout allait tellement mal que j'ai lâché prise.

*Les voyages passent toujours super vite, alors c'est important de profiter du moment présent. Parfois, on ne réalise pas que le moment arrive pour de vrai.*

Je me suis heureusement sentie beaucoup mieux dans la matinée. Nous avons acheté de la bière et beaucoup de collations avant de nous écraser sur la plage la plus proche pour dormir toute la journée. Nous sommes restées dans cette auberge pendant les cinq derniers jours de notre séjour à Hawaii, bien convaincues de ne pas la laisser gâcher notre séjour. Et, au final, ce n'était vraiment pas si pire !

Les voyages passent toujours super vite, alors c'est important de profiter du moment présent. Parfois, on ne réalise pas que le moment arrive pour de vrai. Il faut prendre un jour à la fois, relaxer et profiter. C'est bizarre, mais avec le temps, plus je voyage et plus les choses simples me rendent heureuse : conduire en voiture avec de la musique et voir un beau coucher de soleil, rencontrer quelqu'un de juste trop sympathique ou me payer un bon repas. Oui, il y a les attractions touristiques, mais au final, c'est aussi plein de beaux petits moments comme cela qui vont vous rappeler de bons souvenirs plus tard et il faut en profiter.

OneStep
POLAROID LAND CAMERA

# CLICHÉ !

*Conseils de photographie*

# D'aussi loin que je me souvienne, la photographie a toujours été une de mes plus grandes passions.

J'ai suivi des cours de photo très longtemps, autant avec des appareils argentiques que numériques. J'ai aussi appris comment travailler sur Photoshop. Je n'ai pas retenu par cœur tous les termes techniques et les règles de la photographie, mais ma créativité n'a fait qu'évoluer depuis grâce à elle.

J'adore créer, jouer avec les couleurs et la lumière, et retoucher des images. Cela a toujours fait partie de ma vie et j'aime beaucoup parler de photos avec mes amies blogueuses et YouTubeuses. Même si je ne suis pas experte, je vous présente quelques trucs de base qui sont indispensables pour prendre de beaux clichés. Je pense que ça peut aussi montrer à quel point il y a du travail et de la passion derrière certaines pages Instagram. #PassionPhoto

## Prendre des photos avec un téléphone

On n'est plus à l'époque où les cellulaires Nokia étaient à la mode (*throw back* quand j'essayais de texter avec les neuf petits carrés de mon flip-flop). Nos téléphones sont maintenant tellement puissants ! On peut les utiliser pour un paquet de choses, entre autres pour faire de très belles photos. La plupart des photos sur mon blogue ou mes réseaux sociaux sont d'ailleurs prises avec mon téléphone. Je trouve ça vraiment agréable d'avoir avec moi un outil pour prendre des clichés comparables à une caméra DSRL qui rentre dans ma poche de jeans. Je n'aurais jamais imaginé avoir accès à cette technologie il y a quelques années. Notre univers évolue si vite... #OkGrandMèreEmma... Haha ! Sans blague, je trouve ça impressionnant. C'est certain que la qualité des photos ne sera jamais aussi bonne que celle de la meilleure des caméras professionnelles, mais je trouve que les photos de téléphones ont quand même un charme lorsqu'elles sont bien prises et bien éditées.

Voici quelques petits trucs qui m'aident beaucoup lorsque je photographie des paysage, de la nourriture, des vêtements, des produits et tout ce qu'on trouve sur mon blogue ou mon Instagram.

**Utiliser la grille.** Lorsque le téléphone est en mode photo, il est possible d'afficher une grille dans l'écran. Depuis que j'ai découvert cette option, je ne peux plus m'en passer. Cela permet de bien aligner certains éléments du cliché ou d'appliquer facilement la règle des tiers. C'est super pratique.

Téléphone avec la grille.

**La règle des tiers.** Que ce soit avec un appareil photo ou un téléphone, il est toujours intéressant d'utiliser la règle des tiers. Grosso modo, il faut éviter de placer le sujet au milieu de l'image. Imaginez une grille de neuf carrés dans votre champ de vision ou, encore plus simple, activez la grille sur votre écran de téléphone ! Il y a donc deux lignes horizontales, deux lignes verticales et quatre intersections (on les appelle les « points forts »). Il suffit ensuite de placer le sujet sur l'une des lignes ou sur l'un des points forts. C'est une astuce de photographie qui peut

Sans la règle des tiers.

Avec la règle des tiers.

rendre une photo intéressante, mais ce n'est pas obligatoire de l'utiliser pour qu'une image le soit. À la fin, c'est la créativité et l'imagination qui l'emportent.

Nettoyer la lentille. Une lentille sale = une photo floue. C'est logique. Tout comme les lentilles d'appareils photo, les lentilles des téléphones sont fragiles et ont besoin d'un nettoyage de temps à autre. Il vaut mieux acheter des petits tissus exprès pour cet usage. Ça ne coûte pas cher et ça évite de rayer l'objectif !

Ne pas activer le flash. La lumière du flash n'avantage ni les êtres humains ni les objets. Le seul moment où j'active le flash, c'est lorsqu'il fait vraiment très sombre. De toute façon, je trouve que les photographies prises sans flash et sur le moment lors d'une soirée dans un restaurant ou entre amies font des bons souvenirs, même si elles sont sombres et un peu floues.

Jouer avec la lumière du jour. Si vous cherchez à obtenir un style professionnel, utilisez surtout la lumière du jour. Les meilleurs moments pour une lumière bien diffusée et répartie sont le matin et le soir, lorsque le soleil est un peu plus bas. Une journée nuageuse peut également donner une belle lumière naturelle et douce. Le fait de placer le sujet en plein soleil permet de créer beaucoup d'ombres et

yes

yes

de contrastes, alors que de l'installer dans un endroit qui n'est pas directement exposé au soleil, comme le bord d'une fenêtre, l'enveloppera d'une lumière plus diffuse. Tout dépend du style que vous voulez donner à votre photo.

Éviter d'utiliser le zoom. Règle générale, utiliser le zoom réduit automatiquement la qualité d'une photo. Il vaut mieux se rapprocher du sujet. On garde ainsi toute la précision de l'appareil, surtout si on utilise un téléphone. Certaines lentilles de caméras professionnelles sont adaptées pour faire de super zooms, mais avec un téléphone, il vaut mieux ne pas zoomer du tout.

Focuser au bon endroit. Normalement, on essaie que l'objet principal soit « en focus ». Cela veut dire qu'on fait la mise au point sur l'objet principal, pour que celui-ci soit la partie la plus nette de l'image et que le reste soit flou. Par exemple, si on souhaite photographier un smoothie qu'on tient dans notre main, il est important que le focus soit sur le smoothie et non sur le beau paysage derrière (ou notre pouce). Ça peut donner un style à la photo, mais si ce n'est pas voulu, l'effet obtenu peut être étrange.

Au focus.

Hors focus.

Photo plein soleil
et photo lumière diffusée.

## Le thème

Ce fameux thème. Honnêtement, je ne comprends toujours pas comment ça marche. Je connais les bases, mais parfois je tombe sur des comptes Instagram de gens qui maîtrisent cet art à la perfection et je n'en reviens pas. Ça peut sembler simple, mais quand on y pense, il faut un bon œil artistique et un don pour l'agencement pour faire matcher ensemble des dizaines de photos qui n'ont même pas été prises aux mêmes endroits, à la même heure ou avec la même lumière. Ça m'impressionne.

Voici les trucs de base que plusieurs de mes amies utilisent sur le Web, mais écrivez-moi si vous en connaissez d'autres ! Haha !

Utiliser les mêmes couleurs. Ce qu'on remarque en premier sur les comptes où le thème est *on fleek*, c'est que les couleurs sont à peu près toujours les mêmes d'une photo à l'autre. On trouve, par exemple, une photo de café dans une tasse rose, suivie d'une photo de coucher de soleil où le ciel est rose,

puis d'une photo d'une personne portant un t-shirt rose (c'est pas mal mon compte que je décris en ce moment, hahaha !). J'essaie de ne pas être *too much* et d'opter plutôt pour des petits détails ou des touches de la couleur que j'ai choisie pour mon thème.

Choisir entre les teintes chaudes et froides. C'est un conseil que je vois souvent quand je lis des articles sur le sujet. Et c'est un détail qui fait toute la différence. Je ne l'appliquais pas du tout avant et je n'arrivais pas à voir ce qui clochait avec mon thème. On aurait dit que, peu importe mes efforts, il y avait toujours quelque chose d'étrange. Je suis assez convaincue que c'était ça, le problème : certaines de mes photos avaient des teintes chaudes et d'autres des teintes froides. Les teintes froides tirent plutôt vers le bleu alors que les teintes chaudes sont plus orangées. Une couleur peut avoir des variations froides et chaudes : le rouge bourgogne, par exemple, est plutôt froid, alors que le rouge tomate est plutôt chaud.

**Utiliser le même filtre pour chaque photo.** Beaucoup de blogueuses vont se servir d'une application pour appliquer un filtre sur une photo avant de la révéler au grand jour. C'est une étape que j'aime bien. J'utilise surtout Adobe, où je crée mes filtres moi-même, ou VSCO, si j'ai un peu moins de temps. J'adore jouer avec les couleurs et travailler sur une photo pour la rendre à mon goût.

**Rechercher des applications.** Parce qu'il y a VSCO, mais aussi plein d'autres applications, je vous conseille de faire le tour et de regarder lesquelles correspondent à votre style de photos. Ça peut être des applications qui permettent de rectifier les couleurs, d'amplifier la lumière ou d'ajouter des détails, comme des petites poussières qui donnent un effet vintage (je l'aime trop celui-là !). Les seules applications qu'on boycotte, c'est celles qui permettent de modifier le corps, le ventre, les fesses. En d'autres mots, de se modifier soi-même. Ça, c'est non.

girl
power

## L'art du *flat lay*

Peut-être que le terme *flat lay* ne vous dit absolument rien, mais c'est certain que vous en avez déjà vu passer quelque part. Un *flat lay*, c'est simplement une photo, prise de haut, qui montre un agencement d'objets sur une surface plane. Les blogueuses sont des fans de ce genre de photos et il y en a de tous les styles. Avec le bon arrière-plan, les bons accessoires et la bonne lumière, on peut créer des photos magnifiques. J'aime souvent parler de produits, de maquillage ou de trucs que j'aime et c'est une bonne façon de tout placer dans une seule photo pour les montrer. Avant, je faisais un peu n'importe quoi et ça ne donnait jamais le résultat escompté. J'ai fait quelques tests et avec le temps, j'ai accumulé des petits trucs pour que mes *flat lays* soient réussis.

En premier lieu, on choisit notre arrière-plan. Qu'est-ce qu'on veut voir derrière notre objet ? Un joli plancher ? Un comptoir en marbre ? Peut-être que, comme moi, vous n'avez aucun de ces deux éléments à la maison. Mes planchers sont affreux et mon comptoir est tout abîmé. Ce ne sont pas les meilleurs choix. Haha ! Et c'est là que la créativité embarque dans le processus. Une solution créative, qui est presque de la triche, consiste à fabriquer votre propre arrière-plan. Presque tous les magasins de quincaillerie vendent des planches en bois ou bien des planches en imitation de marbre pour pas cher ! Un papier peint fait aussi le travail. Avec les années, j'en ai accumulé de toutes les sortes. Un de mes préférés, c'est celui avec des petits points (vous l'avez certainement vu sur plusieurs

de mes photos). Il faut y aller avec son style et ce qu'on aime. C'est certain que le motif de marbre est TRÈS populaire ces temps-ci, mais il faut suivre ses goûts personnels. C'est ce qui permet de se démarquer des autres.

Il faut ensuite choisir le bon endroit. Je l'ai déjà dit, mais la lumière fait TOUTE la différence. Je m'installe toujours près d'une fenêtre. Quand je suis bien motivée, je place un miroir en face de la fenêtre, de l'autre côté de mon *flat lay*, pour que celui-ci soit éclairé des deux côtés. Wow. J'écris cette ligne et je réalise à quel point je suis perfectionniste et peut-être un peu trop intense. C'est un peu gênant. Hahaha ! Vous n'êtes vraiment pas obligés de faire cela. Je mets quand même un exemple juste ici pour prouver que ça fait une différence. Je ne suis pas folle, promis !

Après avoir installé l'arrière-plan dans un endroit où la lumière est jolie, il faut ajouter quelques petites choses pour créer la mise en scène. Je trouve efficace d'ajouter un tissu, par exemple, pour créer un peu de dimension et de texture dans l'arrière-plan. Une couverture ou un tapis fonctionne aussi très bien.

Enfin, il faut ajouter une quantité plus ou moins grande d'accessoires. Je choisis toujours un nombre impair d'objets parce que j'ai l'impression que c'est trop symétrique et pas assez naturel lorsqu'il y en a 2, 4 ou 6. Il n'y a pas de règle pour la façon de les disposer sur l'arrière-plan. En fait, tout dépend du style recherché. Il peut être super beau de disposer les accessoires de façon très symétrique, cela donne un *look* propre à la photo. Personnellement, je suis plutôt du style « je place le tout n'importe comment et je fais des tests ». Haha ! C'est l'étape où il faut essayer et voir ce qu'on préfère.

*Un rappel important pour terminer : ne prenez pas ces conseils trop au sérieux. Je parle de mes trucs photos parce que c'est un univers que j'adore, mais ce ne sont pas des règles à appliquer absolument.*

Un rappel important pour terminer : ne prenez pas ces conseils trop au sérieux. Je parle de mes trucs photos parce que c'est un univers que j'adore, mais ce ne sont pas des règles à appliquer absolument. N'allez surtout pas supprimer toutes vos photos en finissant la lecture de ce chapitre ! **Ce n'est pas le but recherché !** J'ai toujours été passionnée de photographie, comme plusieurs blogueuses, et j'ai envie de partager cet intérêt, mais il se peut que ce ne soit pas votre cas. À côté des comptes Instagram esthétiquement jolis, il y a aussi les comptes Instagram où les photos ne matchent pas, mais représentent de vrais souvenirs. J'aime suivre ces comptes de personnes qui partagent des parcelles de leurs vraies vies, pas forcément des photos à couper le souffle, mais des moments authentiques ou de vrais beaux souvenirs. La vraie vie, c'est aussi beau qu'un thème coordonné. C'est important de se le rappeler. Puis, de toute façon, les réseaux sociaux, il ne faut jamais prendre ça trop au sérieux (même si je décroche quand même le miroir de mon salon chaque fois que je fais un *flat lay*, LOL).

THE KINFOLK HOME

# CUISINE

*Mes recettes préférées*

Je dois avouer que mes compétences culinaires sont quand même assez (très) faibles !

Plus jeune, j'adorais cuisiner, mais cet intérêt a complètement disparu avec le temps. Il y a même eu une période où je détestais cela (allô, mes premières années en appartement). Évidemment, à force d'habiter seule, j'ai fini par comprendre que je n'avais plus vraiment le choix et qu'il me fallait apprendre à préparer des repas si je ne voulais pas manger des bols de céréales et des pizzas tous les jours pour le restant de ma vie. J'ai donc apprivoisé ma cuisine petit à petit, en commençant par des plats et des techniques super faciles, qui sont devenus de plus en plus complexes avec le temps. Je ne pensais jamais dire ça, mais j'y ai vraiment pris goût !

Cuisiner est devenu une partie de ma petite routine. Pour m'inspirer, je regarde des recettes sur Pinterest à peu près une fois par semaine. Je fais ensuite mon épicerie en fonction de ce qui a retenu mon attention et que je souhaite tester. J'aime bien aller au marché pour faire les courses, puisque cela me permet de faire facilement le plein de fruits et de légumes locaux, de saison.

Plus on cuisine, meilleur on devient et moins on connaît de défaites. Je ne suis toujours pas un cordon bleu, mais je brûle de moins en moins de plats maintenant ! #Proud Voici quelques recettes que je maîtrise plutôt correctement et que j'aime beaucoup. Elles ont été conçues par Rosalie, une de mes bonnes amies Youtubeuses ! Merci, chef Rosie ! Hihi ! J'espère que ces recettes te mettront l'eau à la bouche et te donneront l'envie de sortir tes casseroles ! Si tu débutes en cuisine ou que tu apprécies les recettes simples, tu devrais y trouver ton compte.

# Œufs bénédictines au saumon fumé et à l'avocat, version facile

Portions **4** Temps de préparation **20 min** Temps de cuisson **10 min**

**Avez-vous déjà essayé de faire des œufs pochés parfaits, bien coulants ? Ce n'est pas si compliqué, mais on a parfois envie d'œufs bénédictines sans tout le tracas que cela implique. Voici une version toute simple, inspirée d'un brunch au restaurant Butcher's Daughter de New York.**

- 4 muffins anglais
- Sel et poivre

**Sauce hollandaise**

- 240 g (1 tasse) de beurre
- 2 c. à soupe de jus de citron
- 2 c. à soupe d'eau
- 4 jaunes d'œufs
- Ciboulette hachée, au goût
- Sel

**Garniture**

- 4 œufs
- 250 g (1 tasse) Fromage à la crème
- Le zeste de 1 citron
- Paprika fumé, au goût
- 12 tranches de saumon fumé
- 1 avocat coupé en tranches

**Préparation de la sauce hollandaise**

1. Dans une casserole, à feu doux, faire fondre le beurre, puis le laisser refroidir en s'assurant qu'il reste liquide. Ne pas mélanger (une fois le beurre refroidi, tout le petit-lait se trouve au fond).
2. Mettre le jus de citron, l'eau et les jaunes d'œufs dans un bol en métal (en d'autres mots, un « cul-de-poule »).
3. Porter une petite casserole (plus petite que le cul-de-poule) à moitié remplie d'eau à frémissement à feu moyen-doux.
4. Poser le cul-de-poule sur la casserole d'eau frémissante et fouetter constamment jusqu'à l'obtention d'une consistance épaisse et mousseuse.
5. Retirer du feu et, en fouettant énergiquement, ajouter le beurre en filet dans la préparation aux œufs.
6. Saler, ajouter la ciboulette et réserver près d'un endroit chaud.

**Préparation de la garniture**

7. Dans une poêle, à feu moyen, faire fondre un peu de beurre et cuire les œufs au plat (œufs miroir). Réserver.
8. Fouetter le fromage à la crème avec le zeste de citron et le paprika fumé.

**Montage**

9. Séparer le muffin anglais en deux et faire griller. Beurrer.
10. Assembler le tout à votre goût. Personnellement, je tartine le muffin anglais de fromage à la crème citronné, j'ajoute des tranches de saumon fumé et d'avocat, puis je dépose un œuf sur le dessus. Ne reste plus qu'à saler, poivrer et napper de sauce hollandaise. Menoum !

**Truc** Il vous reste de la sauce hollandaise ? Yé ! La sauce hollandaise est super pour accompagner un pavé de saumon grillé ou des asperges. Par contre, elle ne se conservera qu'une journée, au chaud. Parfaite pour le dîner, donc !

# Smoothies

J'adore les smoothies ! Ils sont parfaits pour faire le plein de vitamines, ce qui permet (avec le bruit du mélangeur, ha ! ha !) de bien démarrer la journée.

Voici deux smoothies vraiment délicieux. Vous pouvez facilement doubler ces recettes pour préparer des versions glacées (style *popsicle*) ou pour partager avec une amie.

## Smoothie *peanut butter & jelly*

Portion 1 Temps de préparation 5 min

- 1 banane en rondelles
- 2 c. à soupe de beurre d'arachide
- lait d'amande (pour couvrir)
- 75 g (½ tasse) de fraises surgelées
- 1 c. à soupe de confiture de fraises

## Smoothie *orange-sicle*

Portion 1 Temps de préparation 5 min

- 250 ml (1 tasse) de lait de coco
- Les suprêmes de 2 oranges
- 60 ml (¼ tasse) de sorbet à l'orange
- 1 c. à café d'essence de vanille
- 1 c. à soupe de miel

1. Mettre tous les ingrédients dans un mélangeur et broyer jusqu'à consistance lisse (c'est simple, hein ?).

# Salade asiatique à la clémentine

Portions 2 Temps de préparation 20 min

**Cette salade est parfaite pour les pique-niques ou les lunchs. Été comme hiver, c'est un bon dépanneur, plein de soleil.**

**Salade**

- ¼ paquet de nouilles de riz
- Quelques gouttes d'huile de sésame
- 4 clémentines
- 70 g (½ tasse) de noix de cajou rôties
- 1 bouquet de coriandre
- Quelques feuilles de basilic thaï
- 35 g (½ tasse) de fèves germées
- Graines de sésame grillées (au goût)

**Vinaigrette**

- 2 c. à soupe de jus de citron vert
- Le jus et le zeste de 2 clémentines
- 1 c. à soupe de vinaigre de riz
- 3 c. à soupe de sauce de poisson
- 2 c. à soupe d'huile de sésame
- 1 ou 2 piments oiseaux (facultatif)

**Préparation de la salade**

1. Préparer un bol d'eau glacée.
2. Faire cuire les nouilles de riz selon les instructions indiquées sur l'emballage, puis les égoutter.
3. Plonger les nouilles de riz cuites dans le bol d'eau glacée. Lorsque les nouilles sont bien froides, les égoutter, les mettre dans un bol et les enduire d'huile de sésame.
4. Couper les suprêmes de clémentine en les pelant et en retirant les quartiers de leur membrane (voir Note).
5. Dans un plat de service, mélanger les nouilles de riz, les noix de cajou, les suprêmes de clémentine, la coriandre, le basilic thaï et les fèves germées.

**Préparation de la vinaigrette**

6. Déposer tous les ingrédients de la vinaigrette dans un récipient muni d'un couvercle. Refermer et agiter jusqu'à émulsion.

**Montage**

7. Ajouter la vinaigrette à la salade. Bien mélanger.
8. Saupoudrer de graines de sésame et servir tel quel ou dans des bols individuels.

Note Les suprêmes de clémentine sont vraiment jolis, mais ils peuvent être un peu longs à préparer. Si le temps vous manque, vous pouvez simplement peler la clémentine et la séparer en quartiers. Ce sera moins beau, mais tout aussi savoureux.

# Salade de melon et de feta

Portions **2** Temps de préparation **15 min**

**Salade**

- 2 petits melons d'eau (aussi appelé pastèque) ou un mélange de melons de différentes couleurs
- 1 petit bouquet de menthe ciselée
- 8 à 10 petits oignons rouges marinés
- 4 concombres anglais
- 80 g (½ tasse) de fromage feta, émietté

**Vinaigrette**

- 4 c. à soupe d'huile d'olive
- 2 c. à soupe de vinaigre balsamique blanc
- Fleur de sel et poivre du moulin

**Préparation de la salade**

1. Couper le melon en cubes de 2 cm (½ po) ou en faire des boules à l'aide d'une cuillère parisienne.

2. Dans un bol de service, mélanger le melon, la menthe, les oignons, les concombres et le fromage feta.

**Préparation de la vinaigrette**

3. Déposer tous les ingrédients de la vinaigrette dans un récipient muni d'un couvercle. Refermer et agiter jusqu'à émulsion.

**Montage**

4. Ajouter la vinaigrette à la salade et bien mélanger. Servir aussitôt.

# Salade de courgettes

Portions **2** Temps de préparation **15 min**

**En accompagnement ou en solo, cette salade toute simple est haute en saveurs !**

**Salade**

- 2 ou 3 courgettes
- 1 petit bouquet de persil plat
- 40 g (¼ tasse) de raisins secs dorés
- 60 g (½ tasse) de mozzarella di buffala (ou burrata ou bocconcini)

**Vinaigrette**

- Le jus et le zeste de 1 citron
- 2 c. à soupe d'huile d'olive
- Fleur de sel et poivre du moulin

**Préparation de la salade**

1. Couper les courgettes en fines tranches (un spiraliseur ou une mandoline facilite le travail, mais vous pouvez également utiliser un couteau).

2. Dans un bol de service, mélanger les courgettes, le persil, les raisins et le fromage.

**Préparation de la vinaigrette**

3. Déposer tous les ingrédients de la vinaigrette dans un récipient muni d'un couvercle. Refermer et agiter jusqu'à émulsion.

**Montage**

4. Ajouter la vinaigrette à la salade et bien mélanger. Servir aussitôt.

# Croque-monsieur

Portions 2 Temps de préparation 25 min Temps de cuisson 5 min

- 4 tranches de pain de campagne
- Beurre
- 4 tranches de prosciutto ou autre jambon sec
- 2 tomates italiennes coupées en tranches
- 130 g (½ tasse) de cheddar vieilli
- Sel et poivre du moulin

**Sauce béchamel**

- 3 c. à soupe de beurre + 1 cube de cm ( po)
- 3 c. à soupe de farine
- 250 ml (1 tasse) de lait
- 130 g (½ tasse) de fromage cheddar vieilli
- Une pincée de muscade

**Préparation de la sauce béchamel**

1. Dans une petite casserole, à feu moyen-doux, faire fondre 3 c. à soupe de beurre.
2. Lorsque le beurre mousse, ajouter la farine. Cuire en mélangeant pendant 1 minute.
3. Ajouter le lait et fouetter énergiquement, jusqu'à ébullition.
4. Lorsque l'ébullition est atteinte, retirer du feu.
5. Ajouter le fromage et la muscade, bien mélanger.
6. Ajouter le cube de beurre sur le dessus de la sauce. Réserver.

**Montage**

7. Préchauffer le four à broil (low). Tapisser une plaque de cuisson de papier d'aluminium.
8. Faire griller les tranches de pain et les beurrer.
9. Fouetter le cube de beurre dans la béchamel au dernier moment.
10. Sur chaque tranche de pain grillé, verser un peu de sauce béchamel, puis ajouter le prosciutto, les tomates et le fromage.
11. Déposer les croque-monsieur sur la plaque préparée. Faire griller au four jusqu'à ce que le fromage soit bien doré. Déguster.

# Wrap chèvre et légumes grillés

Portions **2** Temps de préparation **15 min** Temps de cuisson **20 min**

- 1 petit chou-fleur, défait en petits bouquets
- Huile d'olive en quantité suffisante
- 1 c. à café de cari
- 1 poivron
- 1 courgette
- 1 oignon
- Roquette en quantité suffisante
- 1 c. à café de vinaigre balsamique
- 2 tortillas de blé
- 80 g (½ tasse) de fromage de chèvre
- Sel

1. Préchauffer le four à 190 °C (375 °F). Tapisser une plaque de cuisson de papier d'aluminium.
2. Déposer les bouquets de chou-fleur dans un cul-de-poule avec l'huile d'olive, le cari et le sel. Bien mélanger.
3. Étaler le mélange de chou-fleur sur la plaque préparée. Cuire au four pendant 7 minutes ou jusqu'à coloration. Réserver. Laisser le four allumé.
4. Pendant ce temps, couper le poivron, la courgette et les oignons en fines lamelles. Les déposer dans un cul-de-poule et les enrober d'huile d'olive et de sel.
5. Sur la plaque qui a servi à cuire le chou-fleur, étaler les poivrons, les courgettes et les oignons. Cuire jusqu'à coloration. Réserver.
6. Monter la température du four à 220 °C (425 °F).
7. Mélanger la roquette avec le vinaigre balsamique.
8. Répartir le fromage de chèvre, le chou-fleur et les légumes grillés sur les tortillas. Déposer sur la plaque de cuisson et enfourner. Cuire jusqu'à ce que les tortillas soient dorées. Une fois cuites, laisser refroidir les tortillas un tout petit peu avant de les rouler (ou savourez-les sans plus attendre !).

# Rouleaux de printemps aux crevettes

Portions 2 Temps de préparation 25 min

- ¼ de paquet de vermicelles de riz
- 4 feuilles de riz
- 1 petit bouquet de menthe
- 1 laitue Boston effilochée
- 1 mangue coupée en bâtonnets
- 1 carotte râpée
- Quelques oignons verts émincés
- 16 crevettes, cuites

**Sauce**

- 125 ml (½ tasse) de beurre d'arachide
- 1 c. à soupe de miel
- 180 ml (¾ tasse) d'eau
- 1 c. à soupe de sauce soya
- 1 c. à café d'huile de sésame

**Préparation des rouleaux**

1. Faire cuire les vermicelles de riz selon les instructions indiquées sur l'emballage.
2. Mettre une casserole d'eau à chauffer sur feu vif. Avant l'ébullition, quand l'eau est bien chaude, mais encore tolérable au toucher, la verser dans un grand bol.
3. Tremper une feuille de riz dans l'eau chaude pendant 5 secondes. La déposer sur un plan de travail propre. Répéter avec le reste des feuilles de riz. Répartir sur les feuilles de riz, dans cet ordre, la menthe, la laitue, les vermicelles de riz, la mangue, les carottes, les oignons verts et les crevettes. Rouler.
4. Disposer les rouleaux, en les espaçant, dans une assiette et couvrir d'une pellicule plastique.

**Préparation de la sauce et service**

5. Dans un petit bol, fouetter tous les ingrédients de la sauce jusqu'à ce que le mélange soit homogène.
6. Servir les rouleaux avec la sauce.

Astuce C'est très facile de préparer du beurre d'arachide à la maison. Il suffit de broyer des arachides grillées non salées au robot culinaire pendant plusieurs minutes, jusqu'à l'obtention de la consistance désirée (crémeux ou croquant). Normalement, environ 5 minutes suffisent. L'avantage de cette technique, c'est qu'elle fonctionne pour toooutes les noix. On peut donc faire soi-même ses propres mélanges : beurre d'amande, de noisette, de noix de cajou, etc.

# Pâtes carbonara et *pan con tomate*

Portions **2** Temps de préparation **20 min** Temps de cuisson **10 min**

**Pâtes**

- 2 portions de spaghettinis
- 1 oignon émincé
- 1 paquet de pancetta, ou 5-6 tranches de bacon, coupées en dés
- Huile d'olive en quantité suffisante
- 2-3 gousses d'ail
- 4 jaunes d'œufs
- 50 g (½ tasse) de parmesan râpé

***Pan con tomate***

- 1 focaccia
- c. à soupe d'huile d'olive
- 1 tomate bien mûre
- Fleur de sel

**Préparation des pâtes**

1. Cuire les pâtes selon les instructions indiquées sur l'emballage.
2. Pendant que les pâtes cuisent, faire dorer les oignons et la pancetta dans une poêle avec un filet d'huile jusqu'à ce que le mélange soit presque doré. Ajouter l'ail et cuire 1 minute de plus.
3. Une fois les pâtes cuites, les égoutter et les remettre dans la casserole. Ajouter les jaunes d'œufs, le parmesan et le mélange d'oignons, de pancetta et d'ail. Couvrir la casserole et réserver au chaud.

**Préparation du *pan con tomate* et service**

4. Faire griller la focaccia, la badigeonner d'huile d'olive et la frotter avec la tomate. Saupoudrer de fleur de sel.
5. Servir les pâtes avec le *pan con tomate.*

# Soirée fajitas

Portions **4 à 6** Temps de préparation **25 min** Temps de cuisson **20 min**

**Les fajitas sont vraiment une bonne option pour recevoir sans trop se casser la tête. C'est une recette festive que tout le monde peut adapter à son goût. Voici ma version préférée.**

### Fajitas

- 1 kg ( 2 lb) de hauts de cuisse de poulet désossés
- 3 c. à soupe d'huile d'olive
- 1 c. à soupe de paprika fumé
- 1 c. à soupe de poudre de chili
- ½ c. à soupe de cumin
- 1 c. à soupe de poudre d'ail
- Sel
- 12 fajitas

### Garnitures

- 250 ml ( 1 tasse) de crème sure
- Le zeste de 2 citrons verts
- 2 oignons
- 2 poivrons
- Huile d'olive en quantité suffisante
- 1 petit bouquet de coriandre
- 350 g (1 1/3 tasse) de fromage cheddar ou Monterey Jack, râpé
- 250 ml (1 tasse) de salsa du commerce, au goût
- 3-4 avocats coupés en tranches

### Préparation des fajitas

1. Préchauffer le four à la plus basse température possible (100 °C/200 °F).
2. Dans un cul-de-poule, bien mélanger les hauts de cuisse avec l'huile d'olive, le paprika, la poudre de chili, le cumin, la poudre d'ail et le sel. (Si possible, laisser mariner au frigo toute une nuit, mais ce n'est pas obligatoire.)
3. Dans une poêle, à feu moyen, faire cuire le poulet environ 3 ou 4 minutes, une petite quantité à la fois pour éviter de surcharger la poêle et obtenir une belle coloration. Réserver le poulet cuit au chaud dans une assiette, au four.
4. Au dernier moment, réchauffer les tortillas au four.

### Préparation des garnitures et service

5. Mélanger la crème sure et le zeste de citron vert.
6. Dans une poêle, à feu moyen, faire revenir les oignons et les poivrons avec un filet d'huile jusqu'à ce qu'ils soient dorés.
7. Disposer le poulet, les tortillas et les garnitures sur la table.

**Astuce** Vous êtes un fan de guacamole ? Rien de plus simple à préparer ! Il suffit d'écraser à la fourchette un avocat ou deux dans un bol, puis d'ajouter un peu de jus de citron vert, un oignon vert et une petite gousse d'ail finement hachés, un peu de coriandre fraîche ciselée, du sel, du poivre et quelques gouttes de sauce piquante, au goût. On mélange bien, on goûte pour s'assurer que les saveurs sont bien balancées et on rectifie au besoin. Vient ensuite la meilleure étape de toutes : manger le guacamole, que ce soit avec des crudités, des croustilles de maïs ou... les doigts !

# Burgers farcis au brie

Portions 2 Temps de préparation 15 min Temps de cuisson 7 min

**Le brie est mon fromage préféré et cette recette est une façon toute simple d'en manger un peu plus fréquemment, ha ! ha ! Cela dit, vous pouvez facilement remplacer le brie dans cette recette par votre fromage préféré : chèvre, bleu ou pâte ferme, les possibilités sont infinies.**

- 175 g (6 oz) de bœuf haché mi-maigre
- 1 œuf
- 3 c. à soupe de chapelure panko
- 2 cubes de brie
- 2 pains burgers, style ciabatta
- Roquette en quantité suffisante
- ½ c. à café de vinaigre balsamique
- 2 c. à soupe de mayonnaise
- Persil en quantité suffisante
- 2 c. à soupe de confiture d'oignons
- Sel et poivre, au goût

1. Dans un bol, mélanger le bœuf haché, l'œuf, la chapelure, du sel et du poivre avec les mains.
2. Façonner deux galettes avec le mélange de bœuf. Placer un morceau de fromage au centre de chacune. Replier le bord des galettes sur le fromage et refermer aussi hermétiquement que possible.
3. Dans une poêle, à feu moyen, faire cuire les galettes.
4. Pendant que les galettes cuisent, faire griller les pains.
5. Dans un petit bol, mélanger la roquette et le vinaigre balsamique.
6. Dans un autre bol, mélanger la mayonnaise et le persil.
7. Badigeonner les tranches de pain du dessous des burgers de confiture d'oignons et y déposer les galettes. Badigeonner les tranches de pain du dessus avec la mayonnaise. Placer la roquette sur la boulette et refermer le burger.
8. Déguster, en essayant de ne pas en mettre partout !

**Astuce** Les frites maison sont beaucoup plus simples à préparer qu'on pourrait le croire. C'est super, puisque ces burgers sont délicieux avec des frites de patates douces ! Pour les préparer, il suffit de peler les patates douces et de les couper en bâtonnets. Dans un grand bol, les enduire ensuite d'un peu d'huile d'olive, de thym séché, de sel et de poivre. Il ne reste ensuite qu'à enfourner à 230 °C (450 °F) et à cuire environ 30 minutes, ou jusqu'à ce que les frites soient dorées et croustillantes, en les retournant à mi-cuisson.

# Barres tendres choco-noix et fleur de sel

Donne **8 barres** Temps de préparation **15 min** Temps de cuisson **30 min**

- 150 g (1 ½ tasse) de flocons d'avoine
- 175 g (¾ tasse) de cassonade
- 33 g (¼ tasse) de noix de cajou entières
- 35 g (¼ tasse) d'amandes entières
- 30 g (¼ tasse) de pacanes entières
- 2 c. à soupe de farine
- ¼ c. à café de levure chimique (poudre à pâte)
- 1 c. à café de fleur de sel
- ¼ c. à café de cannelle
- 60 g (¼ tasse) de beurre fondu
- 60 g (¼ tasse) de farine
- 60 ml (¼ tasse) de lait
- ¼ c. à café d'essence de vanille
- 60 g (¼ tasse) de chocolat

1. Préchauffer le four à 180 °C (350 °F). Mettre la grille au plus bas niveau. Tapisser une plaque de cuisson de papier parchemin.
2. Dans un grand bol, mélanger l'avoine, la cassonade, les noix, la farine, la levure chimique, le sel et la cannelle.
3. Incorporer le beurre fondu.
4. Verser le lait et la vanille et mélanger.
5. Compacter autant que possible le mélange sur la plaque préparée.
6. Cuire au four 30 minutes ou jusqu'à ce que la préparation soit bien dorée.
7. Couper en barres et réserver.
8. Faire fondre le chocolat (au micro-ondes ou au bain-marie) et laisser refroidir un peu jusqu'à ce que le chocolat redevienne moins liquide, c'est-à-dire jusqu'à ce qu'il nappe le dos d'une cuillère sans couler.
9. Tremper un côté de chaque barre dans le chocolat et déposer sur une plaque, chocolat vers le haut, jusqu'à ce qu'il soit durci. Répéter avec toutes les barres (ou pas, hein !).
10. Conserver à la température ambiante dans un contenant hermétique.

# Pouding de chia

Portions **2** Temps de préparation **5 min**

- 4 c. à soupe de graines de chia
- 1 mangue très mûre, coupée en dés
- 250 ml (1 tasse) de lait de coco
- 1 c. à soupe de sirop d'érable
- Chips de coco grillées, au goût
- Mangues séchées, au goût

1. Dans un bol, mélanger les graines de chia, la mangue, le lait de coco et le sirop d'érable.
2. Réfrigérer toute une nuit.
3. Portionner et garnir de chips de coco grillées et de mangues séchées.

**Astuce** Les graines de chia absorberont le liquide et gonfleront pendant la nuit, ce qui créera une texture rappelant celle du pouding. Vous pouvez varier la quantité de graines de chia pour obtenir une texture plus dense ou plus liquide, selon vos goûts.

# Gâteau au fromage et au thé matcha

Portions 6 à 8 Temps de préparation 20 min Temps de cuisson 1 h 30

**Le gâteau au fromage est un classique qui plaît généralement à tout le monde (dont moi !). Voici une jolie version verte pour épater la galerie. La teinte est obtenue non pas par l'ajout de colorant, mais par l'ajout d'un aliment que j'affectionne particulièrement : le thé matcha. Croyez-moi, c'est tellement bon que vous n'en aurez pas trop de 8 portions !**

**Croûte**

- 330 g (1 ¼ tasse) de biscuits au matcha émiettés
- 60 g (¼ tasse) de beurre fondu
- 2 c. à soupe de sucre

**Garniture au fromage**

- 250 g (1 ¼ tasse) de sucre
- 2 c. à soupe de farine
- 4 paquets de 250 g de fromage à la crème, à la température ambiante
- 2 c. à soupe de jus de citron
- 125 ml (½ tasse) de crème à fouetter
- 2 c. à thé de matcha en poudre
- 1 c. à thé d'essence de vanille
- 4 œufs + 2 jaunes d'œufs

**Préparation de la croûte**

1. Préchauffer le four à 180 °C (350 °F) et placer la grille au centre du four. Beurrer le fond d'un moule à charnière rond de 20 cm (8 po) de diamètre.
2. Dans un grand cul-de-poule, mélanger les biscuits, le beurre et le sucre jusqu'à homogénéité.
3. Bien presser le mélange dans le moule préparé. Cuire au four de 10 à 12 minutes ou jusqu'à ce que la croûte soit dorée.

**Préparation de la garniture**

4. Baisser la température du four à 160 °C (325 °F).
5. Couvrir les parois du moule à charnière de papier d'aluminium.
6. Dans un grand cul-de-poule, mélanger le sucre et la farine. Ajouter ensuite le reste des ingrédients de la garniture au fromage et bien mélanger.
7. Verser la garniture au fromage dans le moule.
8. Cuire au four pendant 1 heure 30 minutes.
9. Laisser reposer à la température ambiante pendant 30 minutes, puis réfrigérer au moins 1 heure.
10. Démouler et déguster.

**Truc** Si vous ne trouvez pas de biscuits au matcha, remplacez-les tout simplement par la même quantité de biscuits Graham.

# Gâteau aux amandes

Portions **6 à 8** Temps de préparation **15 min** Temps de cuisson **30 min**

**Un gâteau simplissime qui peut être décoré davantage pour faire honneur aux grands jours. On peut simplement faire un motif de dentelle avec le sucre glace et un napperon de papier. On peut également troquer le sucre glace pour des fruits, des fraises fraîches par exemple, et un filet de chocolat fondu. Miam !**

- 4 jaunes d'œufs
- 150 g (¾ tasse) de sucre + 50 g (¼ tasse)
- 300 g (2 ¼ tasses) de poudre d'amande
- 4 blancs d'œufs
- Sucre glace, au goût

1. Préchauffer le four à 190 °C (375 °F). Beurrer un moule à gâteau rond de 23 cm (9 po) de diamètre.
2. Dans un grand cul-de-poule, blanchir les jaunes d'œufs avec 150 g (3/4 tasse) de sucre (voir Truc 1).
3. Ajouter la moitié de la poudre d'amande et mélanger jusqu'à ce que la préparation soit bien humide. Ajouter le reste de la poudre d'amande et mélanger jusqu'à homogénéité.
4. Dans un bol, battre les blancs d'œufs en neige jusqu'à l'obtention de pics mous (voir Truc 2). Ajouter 50 g (¼ tasse) de sucre et bien incorporer.
5. Incorporer délicatement le quart des blancs d'œufs dans le mélange aux amandes. Ajouter ensuite le reste des blancs d'œufs et mélanger délicatement.
6. Verser le mélange dans le moule préparé.
7. Placer le moule à gâteau sur une plaque de cuisson et cuire au four pendant 30 minutes.
8. Laisser refroidir 30 minutes avant de démouler et de saupoudrer de sucre glace.

**Trucs** 1. Blanchir des jaunes d'œufs, en pâtisserie, c'est simplement les mélanger vigoureusement à du sucre à l'aide d'un fouet. Le but est que le mélange devienne mousseux et, vous l'aurez deviné, blanc. 2. Battre des blancs d'œufs consiste à les fouetter jusqu'à ce qu'ils forment des pics. On peut utiliser un fouet ou un batteur à main.

*J'espère que ce chapitre vous a donné envie de cuisiner ! Envoyez-nous des photos si vous faites nos recettes, Rosalie et moi avons hâte de voir ça !*

# COIFFURES

*Les meilleurs trucs d'Éloïse*

# S'il y a bien quelque chose, côté beauté, que je ne maîtrise pas, c'est les cheveux !

Il faut parfois du temps et quelques tests pour arriver à dompter sa tignasse. Certains sont vraiment réussis, d'autres… moins. Je pense que tout le monde a déjà commis l'erreur de faire une coloration maison beaucoup trop foncée ou de demander une coupe qui ne fonctionnait pas du tout avec son type de cheveux ou la forme de son visage !

J'ai l'impression d'avoir fait toutes les erreurs possibles : tenter de pâlir mes cheveux par moi-même (ce qui m'a valu d'être surnommée « poussin » par mes amies en raison du résultat plutôt jaune), couper une frange beaucoup trop court (et pleurer une journée entière), faire semblant que j'aime la coupe pas du tout parfaite qu'un coiffeur vient de me faire plutôt que de demander des réajustements… La bonne nouvelle, c'est que les cheveux repoussent. :)

Les coiffeurs sont les mieux placés pour vous offrir des conseils de pro sur une tonne d'aspects des soins capillaires. Heureusement pour moi, j'ai la chance d'avoir Éloïse comme amie. En plus d'être une personne géniale, elle est coiffeuse (et je peux lui poser toutes mes questions sans gêne, hihi !). Puisqu'elle a toujours de super bons conseils pour avoir des cheveux magnifiques, j'ai pensé en partager quelques-uns avec vous !

## 10 habitudes à éviter

1. *Se laver les cheveux très fréquemment.* Chaque type de cheveu a une fréquence idéale de lavage. Il n'y a donc pas de règle unique à suivre, mais je vous conseille de les laver deux ou trois fois par semaine maximum. Plusieurs personnes, comme celles qui ont les cheveux secs, auraient même intérêt à les laver moins souvent pour les garder beaux. À vous de juger et de trouver la fréquence qui vous convient !

2. *Faire une seule mousse sous la douche.* Si vous avez les cheveux mi-longs à longs, vous devez idéalement faire deux shampoings en tout temps. Si on ne prend pas le temps de faire ces deux mousses, les impuretés du cuir chevelu restent dans les longueurs et les cheveux deviennent sales plus rapidement. On lave donc moins souvent, mais en profondeur lorsqu'on le fait !

3. *Laver les cheveux à l'eau très chaude.* La chaleur ouvre les écailles des cheveux et les casse. Afin d'éviter ce désagrément, on n'a qu'à les laver à l'eau tiède ou, pour les courageuses, à l'eau froide ! En plus de refermer les cuticules des cheveux, le fait de les rincer à l'eau froide leur donne beaucoup de brillance.

**5. Toujours utiliser les mêmes produits.** Aussi étonnant que cela puisse paraître, notre cheveu s'habitue aux produits coiffants que nous utilisons. Ceux-ci deviennent moins efficaces à la longue. Lorsque vous terminez une bouteille de shampoing ou de démêlant, par exemple, essayez de ne pas racheter exactement la même chose.

**4. Utiliser un shampoing naturel à base de camomille.** Celles qui ont une crinière blonde ont tendance à recourir à ces shampoings... qui ont malheureusement pour effet de rendre les cheveux jaunes en un claquement de doigts !

**6. Tirer sur vos cheveux mouillés.** Un cheveu mouillé est EXTRÊMEMENT fragile et casse très facilement. Brosser énergiquement des cheveux humides, par exemple, est une excellente façon de... cultiver les pointes fourchues. On opte donc pour la douceur.

**7. Attacher ses cheveux mouillés.** Pour les mêmes raisons, on essaie de se faire une queue de cheval ou un chignon uniquement lorsque nos cheveux sont secs. Ces coiffures sont bien pratiques pour les matins pressés, mais elles pourraient abîmer votre chevelure si celle-ci est humide. Si on doit absolument relever les cheveux, les pinces sont une solution de rechange plus douce à l'élastique.

**8. Dormir les cheveux mouillés ou humides.** Une chevelure humide s'emmêle également plus facilement. On évite donc d'aller au lit la tête mouillée si on souhaite s'épargner les nœuds le lendemain matin…

**9. Utiliser de la chaleur sans protection.** Qui a déjà utilisé, accidentellement ou pas, un fer plat beaucoup trop chaud ? #Coupable… C'est une erreur fréquente qui brûle les cheveux et les fait foncer. Vaut mieux utiliser un soin protecteur si on est adepte de la chaleur.

**10. Espacer les rendez-vous chez le coiffeur.** On l'a tous déjà fait, hein ? Loin de simplement laisser nos cheveux pousser plus longtemps, le fait de retarder son rendez-vous les rend vulnérables. Les pointes fourchues se multiplient, notamment. La prochaine fois que vous irez voir votre coiffeur, demandez-lui à quelle fréquence vous devriez idéalement rafraîchir votre coupe.

## 10 conseils pour des cheveux en santé

1. Être conscient des besoins de son cheveu... et s'adapter. Votre cheveu est-il fin, normal, gras ou sec ? C'est parfois difficile à dire ! Mais ça permet de choisir des produits qui conviennent vraiment à votre chevelure. En cas de doute, demandez à votre coiffeur.

2. Utiliser des produits de qualité. Ce conseil est particulièrement important si vous faites des colorations ou utilisez de la chaleur sur une base régulière. Si vous en demandez beaucoup à vos cheveux, offrez-leur les meilleurs soins.

3. Essorer ses cheveux avec un vieux t-shirt. Les serviettes (ou draps de bain) traditionnelles sont dures pour les cheveux, même si elles nous semblent bien douces au toucher. Pour cette raison, il vaut mieux les essorer avec un vieux t-shirt en coton. En plus d'être plus efficace, votre bon vieux t-shirt moche réduira vos frisottis. Vous pouvez également opter pour une serviette en microfibres (du genre qu'on utilise en camping) ou une fouta.

4. Utiliser un bon démêlant en sortant de la douche. Ce simple geste changera votre vie. Bye-bye, séances de démêlage interminables ! En plus d'être plus faciles à coiffer, vos cheveux seront plus soyeux.

5. *Utiliser le moins de chaleur possible.* On peut normalement régler la température des bons sèche-cheveux et fers (plats ou à friser). Il est souvent tentant de sélectionner la plus chaude, mais vos cheveux et votre cuir chevelu vous remercieront d'opter plutôt pour une température basse.

6. *Tresser vos cheveux avant de dormir.* Ce geste tout simple réduira le frottement de votre tête sur l'oreiller et vous permettra de les garder en santé le plus longtemps possible. Quelques secondes de tressage pour éviter que les cheveux cassent ? On dit oui !

7. *Boire beaucoup d'eau.* Nos cheveux sont nourris par le sang. Si vous avez de saines habitudes de vie, cela se reflétera sur votre tête. Boire beaucoup d'eau est donc un super point de départ pour une crinière en santé, tout comme une bonne alimentation. Une raison de plus de prendre soin de vous !

8. *Adopter les masques.* Une fois par semaine, prenez le temps de dorloter votre crinière avec un masque capillaire. Ça ne prend que de 10 à 15 minutes et ça fait toute une différence sur l'aspect des cheveux ! En plus, vous pouvez profiter de ce temps pour faire autre chose, comme une manucure express (ou, t'sais, juste regarder votre série préférée).

**9. Protéger vos cheveux du soleil.** Un peu comme notre peau, nos cheveux ont besoin d'être hydratés et protégés des dommages du soleil. Oui, oui, la crème solaire pour cheveux existe ! Tout comme les huiles protectrices et les masques réparateurs. :)

**10. Utiliser la bonne brosse.** Non, une brosse ronde ne sert pas à démêler ! Elle sert plutôt à coiffer. Pour démêler votre tignasse sans casser votre cheveu, il est préférable d'opter pour un peigne (eh oui !). On peut aussi utiliser une brosse spécialement conçue pour les cheveux mouillés. Ai-je mentionné que les cheveux mouillés étaient fragiles ? Haha !

## Coiffures

Mes cheveux sont naturellement lisses, sans être raides. Ils sont assez faciles à gérer, ce qui me permettrait techniquement de me faire des coiffures relativement complexes sans trop de mal. Dans les faits, j'alterne habituellement entre deux styles ultra-complexes : la queue de cheval et les cheveux libres. Haha ! Je trouve que ces deux styles sont bien pratiques pour les matins pressés, disons. Si j'ai une sortie, j'aime bien faire onduler mes cheveux. Pour ce faire, je prends simplement le temps de les friser au fer, puis je passe mes doigts dans les boucles pour les relâcher. Ça crée un effet que j'aime beaucoup.

Vous aurez compris que je me complique rarement la vie lorsque vient le moment de coiffer mes cheveux. Cela dit, j'ai parfois besoin (et envie) de changer un peu de tête. J'ai donc demandé à Éloïse de concevoir pour nous quelques coiffures faciles à essayer. Elle a inclus dans celles-ci une autre de mes coiffures préférées : les *boxer braids*. Yay !

## La bohémienne

**Cette coiffure peut autant se porter avec une tenue chic qu'un *look* plus *casual.***

**1.** Sur une chevelure préalablement frisée ou ondulée, attachez simplement tous vos cheveux en une queue de cheval très, très basse.

**2.** Pour un *look* des plus simples (mais ô combien joli), nouez un ruban de couleur de manière à cacher l'élastique.

1.

2.

# Half bun écolière

**1.** À l'aide d'un fer à friser, vaguez légèrement l'ensemble de la chevelure.

**2.** Isolez la partie supérieure de votre chevelure, à environ 2-3 cm au-dessus de l'oreille.

**3.** Coiffez les cheveux de cette section vers l'arrière, comme pour faire une queue de cheval.

**4.** Tournez la section isolée, puis enroulez-la sur elle-même.

**5.** Fixez le chignon ainsi créé à l'aide de 3 à 5 *bobby pins* (ce nombre variera en fonction de l'épaisseur de vos cheveux).

**6.** Ajoutez un ruban ou une pince décorative, puis sortez quelques mèches à l'avant pour un *look* plus décontracté.

4. et 5.

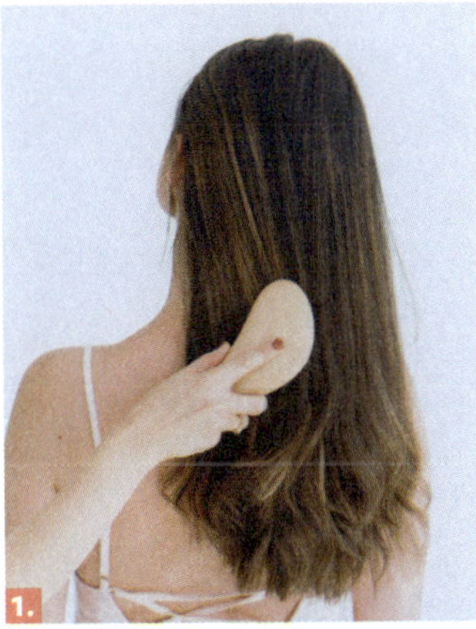

1.

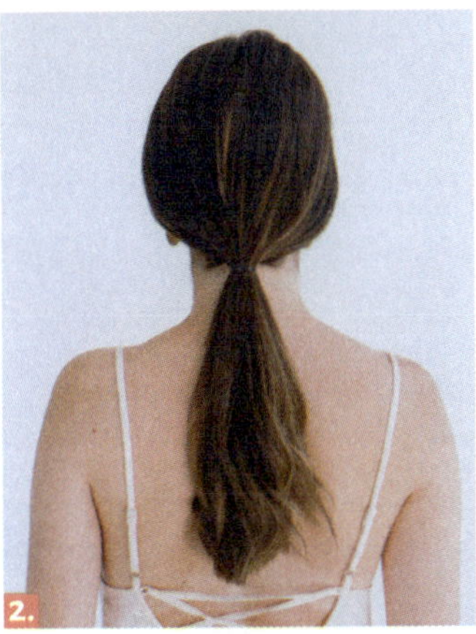

2.

## Chignon bas parisien

**1.** Brossez l'ensemble de la chevelure et faites une séparation au centre, sur le dessus de la tête.

**2.** Dirigez les cheveux vers la nuque et attachez-les pour faire une queue de cheval basse.

**3.** Tournez la queue de cheval sur elle-même et enroulez-la pour créer un chignon bas. Attachez le tout avec un deuxième élastique ou des *bobby pins*.

**4.** Choisissez votre plus joli foulard, puis nouez-le autour de votre chignon.

**5.** Ajustez votre coiffure à l'aide de deux miroirs et le tour est joué !

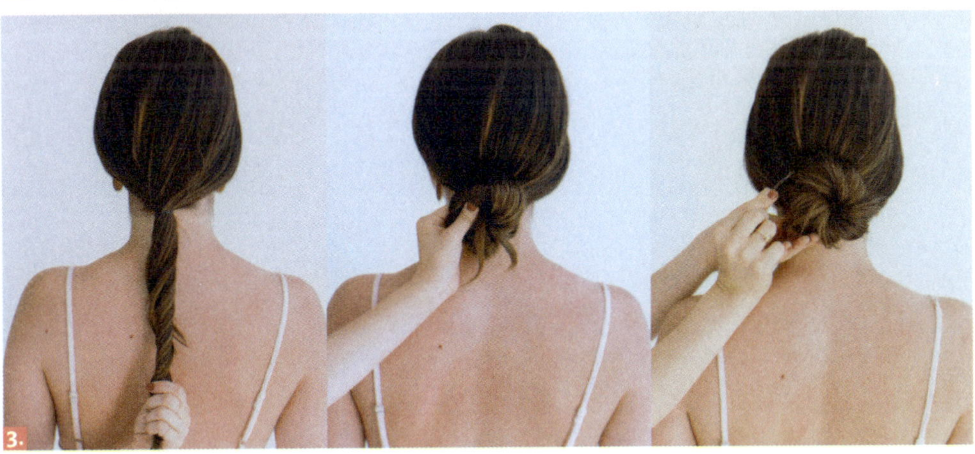

3.

## Chignon français revisité

1. Brossez vos cheveux vers l'arrière.

2. Enroulez-les sur eux-mêmes deux ou trois fois, de manière à créer un rouleau.

3. Tenez le rouleau à l'aide d'une main et, de l'autre, fixez l'extrémité en utilisant des *bobby pins*.

4. Laissez sortir les pointes pour un chignon français plus actuel.

5. Sortez quelques mèches à l'avant et le tour est joué !

4. et 5.

## Demi-tresse

1. Isolez une section d'environ 4 cm sur le dessus de votre tête (en haut de votre front).

2. Tressez cette section vers l'arrière, presque jusqu'à la nuque. Tirez légèrement sur chaque branche de la tresse pour lui donner du volume et créer un plus bel effet !

3. Ramassez ensuite les cheveux de chaque côté de la tresse pour créer une demi-couette très basse (on ne ramasse ici que la partie supérieure des cheveux, la partie inférieure restant libre).

4. Fixez la tresse à l'intérieur de la demi-couette à l'aide d'un élastique transparent.

5. Cachez l'élastique à l'aide d'une mèche de cheveux.

1.

2.

3.

4.

# Doubles noeuds

1.

**1.** Sélectionnez une mèche de chaque côté de votre tête, près des oreilles, puis ramenez ces deux mèches vers l'arrière.

**2.** Faites un double nœud et fixez-le avec un élastique transparent.

**3.** Refaites les étapes 1 et 2 avec deux autres branches prises un peu plus bas, en prenant soin de faire le nouveau nœud sous le nœud existant.

**4.** Reproduisez l'étape 3 une autre fois.

**5.** Tirez sur les noeuds pour les rendre plus *messy*.

**6.** Sortez quelques mèches à l'avant et VOILÀ ! :)

2

3

4

5. et 6.

6.

## Boxer braids inversées

1. Sur un cheveu naturel, séparez les cheveux verticalement pour créer deux sections, du front à la nuque. Ensuite, isolez l'une de ces sections.

2. Avec trois petites branches de cheveux, tressez inversé (envoyez vos branches en dessous au lieu d'au-dessus pour faire une tresse française ressortie !).

3. Ajoutez une nouvelle branche extérieure à chaque tour de votre tresse, et répétez jusqu'à ce qu'il ne reste plus que 2 cm de cheveux libres au bout de votre tresse.

4. Fixez à l'aide d'un élastique transparent.

5. Répétez les étapes 2 à 4 pour l'autre côté de votre tête.

6. Sortez quelques mèches à l'avant et à la nuque pour un *look* au goût du jour!

note.
NOTEBOOK

# ENTREPRENEURIAT

*Se lancer dans la vie*

## Mon parcours de Youtubeuse, vous le connaissez bien. J'ai fréquemment mentionné comment, pourquoi et quand j'ai commencé.

Je parle moins souvent de l'aspect « carrière » de mon histoire et, pourtant, c'est un côté que j'aime tellement ! En fait, c'est un aspect que j'ai appris à aimer, parce que c'était loin d'être simple au début.

En 2015, ma chaîne YouTube prenait de l'expansion. J'ajoutais mon adresse courriel sous mes vidéos simplement pour que les gens qui les visionnent puissent m'envoyer des messages. Mon courriel, c'était « x.emmalove_96@hotmail.com ». LOL ! Allô le manque de crédibilité (j'ai pris la sage décision de le changer par la suite, ne vous inquiétez pas). Un jour, j'ai commencé à recevoir des produits à évaluer et des courriels de plus en plus sérieux me proposant des occasions d'affaires qui me semblaient intéressantes. Je ne m'y attendais pas en lançant ma chaîne, mais c'est assez fréquent lorsque quelqu'un commence à avoir un bon nombre d'abonnés et une certaine influence (je vais en parler plus en détail un peu plus loin dans ce chapitre). C'est à ce moment que j'ai compris que ce que je faisais pour le plaisir pouvait avoir un côté professionnel. Je savais qu'il fallait faire attention et que je n'avais pas assez d'expérience pour signer des contrats ou accepter des offres. J'ai voulu comprendre le milieu des affaires dans lequel je mettais les pieds : savoir lire un contrat, négocier une entente, répondre intelligemment à une proposition d'affaires, comprendre comment fonctionne une compagnie, gérer mes finances et faire un plan d'affaires pour gagner ma vie et vivre longtemps de ce métier que j'aime tant. J'avais envie d'écrire un chapitre là-dessus parce que le travail, la persévérance, l'organisation et les finances sont des sujets qui touchent tout le monde. Pas seulement les entrepreneurs.

## Les débuts

En 2016, j'avais déjà ma chaîne YouTube et mes réseaux sociaux depuis un bon moment. Faire des vidéos, des sketchs, des scénarios, du montage, du décor, je trouvais ça génial. J'avais envie de faire mille et une choses sur Internet, mais je manquais terriblement de temps. J'étais à l'école du lundi au vendredi et je travaillais les soirs et les fins de semaine pour payer mes factures. Entre les études, le boulot, la famille et les amis, essayer de bâtir une carrière sur Internet était un enfer. J'arrivais à la période des examens et je faisais de plus en plus d'heures à mon emploi étudiant. Je réalisais mes vidéos au petit matin, quand tout le monde dormait. Autant vous dire que j'avais l'air d'un zombie 24h sur 24. Mon mode de vie ne faisait que s'accélérer, en même temps qu'augmentaient les chiffres sur Internet. C'est à ce moment que j'ai eu ma toute première collaboration avec une marque. Je CAPOTAIS. Je n'en revenais pas de pouvoir gagner de l'argent avec quelque chose que je faisais depuis des années... pour le fun ! Je me rappelle avoir mis tous les efforts du monde pour que la marque en question soit satisfaite de mon contenu.

*J'avais envie d'écrire un chapitre là-dessus parce que le travail, la persévérance, l'organisation et les finances sont des sujets qui touchent tout le monde.*

Plusieurs semaines plus tard, j'avais mis assez d'argent provenant de cette collaboration de côté pour quitter mon emploi étudiant et me concentrer sur YouTube pendant quelques semaines, en dehors des cours. J'étais stressée parce que j'abandonnais une source de revenus stable qui me permettait de payer mes factures, alors que le métier de YouTubeuse est loin d'être stable financièrement, surtout quand on

*Je me souviens d'avoir construit des listes d'idées et des plans d'organisation et fait le montage de certaines de mes vidéos à l'école. Moi qui ne réussissais habituellement jamais à être organisée et concentrée plus de cinq minutes, je pouvais passer des heures là-dessus.*

commence. J'avais 18 ans, je n'étais pas certaine de ce que je faisais, mais j'avais aussi tellement de passion et de motivation... Je travaillais sur mon contenu dès que j'avais une minute libre. Je me souviens d'avoir construit des listes d'idées et des plans d'organisation et fait le montage de certaines de mes vidéos à l'école. Moi qui ne réussissais habituellement jamais à être organisée et concentrée plus de cinq minutes, je pouvais passer des heures là-dessus.

Ma boîte de courriels se remplissait de plus en plus de propositions de projets de toutes sortes. Je n'arrivais plus à tout faire : YouTube, l'école et les examens, c'était encore une fois beaucoup trop. Je devais sans cesse refuser des offres d'affaires sous prétexte que j'étais à l'école. Et c'était la bonne décision, car l'avenir de ma carrière sur Internet était encore incertain à ce moment-là. On m'a beaucoup répété dans ma vie que « l'école, c'est important » et je suis de cet avis. Je pense qu'il faut bien réfléchir avant de mettre ses études sur pause pour se concentrer sur autre chose. Il ne faut pas prendre ça à la légère. J'ai réfléchi pendant des mois, en évaluant les « pour » et les « contre », avant

de prendre une décision définitive. Pendant ce temps, je mettais quand même tous les efforts possibles dans mes cours, au cas où je voudrais poursuivre mes études. Bref, la vie était un peu extrême à ce moment. Haha !

## Mon agence

À l'été 2015, j'ai reçu un message de l'agence Le Slingshot ♥. Après l'avoir visitée et rencontré les personnes qui y travaillent, nous nous sommes entendus sur un contrat. C'est mon agence depuis ce jour. On me demande souvent quel est son rôle. Elle m'aide à trier mes courriels et y répond en fonction de ce qui est intéressant ou non, négocie les propositions des marques avec lesquelles je collabore, m'aide à développer les projets que j'ai en tête. En plus, une personne de l'agence m'accompagne lorsque j'ai des *meet-ups* ou des événements importants. Bref, elle tire une charge de travail énorme que je devrais faire autrement. Le début de notre collaboration a été un des points les plus déterminants dans toute cette histoire. En effet, j'ai toujours eu la mauvaise manie de vouloir tout faire toute seule. J'aime avoir le contrôle complet de ce que j'entreprends et prendre toutes les décisions. Ça peut fonctionner à petite échelle, mais quand on souhaite que nos projets prennent de l'expansion, tôt ou tard, on finit par avoir besoin d'aide. J'avais besoin d'une petite équipe pour me soutenir et m'écouter. Mon agence m'a enlevé un énorme poids des épaules. Je n'étais plus seule.

Je pense que c'est important, lorsqu'on a des projets de grande envergure, d'avoir une équipe au sein de laquelle on se sent écouté et respecté. Il faut s'entourer de gens qui nous poussent vers le haut, qui nous motivent et qui ont envie de travailler autant que nous. C'est important aussi d'avoir la même vision des différents projets qui se présentent. Évidemment, la force d'une équipe est de favoriser l'échange de points de vue différents et de faire réfléchir, mais votre équipe ne devrait jamais oublier ce qui est important pour vous. Être mal entouré, c'est nocif. Avec toute l'énergie dont j'ai

besoin pour continuer ce que je fais, je ne m'imagine pas être accompagnée par une équipe qui ne me soutiendrait pas à 100 %. Je pense qu'être bien entouré, c'est super important en entrepreneuriat. Il y a trop d'énergie à investir dans les projets pour en gaspiller sur une équipe qui cause des problèmes ou du stress. Si vous laissez entrer une équipe dans vos projets, il faut avoir la certitude que celle-ci allégera vraiment vos tâches et vous facilitera la vie.

*Je pense qu'être bien entouré, c'est super important en entrepreneuriat. Il y a trop d'énergie à investir dans les projets pour en gaspiller sur une équipe qui cause des problèmes ou du stress.*

## Le grand saut

Une fois l'entente signée avec Le Slingshot, j'ai continué à créer du contenu et à travailler avec des marques que j'aime. Mais je ne voulais pas m'arrêter là. Je savais que ce n'était que le commencement de quelque chose de gros. J'aime créer du contenu sur Internet, mais cela ne me suffisait pas. J'avais envie de créer du contenu physique, de dessiner, de designer, de donner vie à des créations. D'un autre côté, il y avait aussi l'école… Je ne savais pas bien ce que j'y faisais. J'étudiais en mode, mais les cours m'intéressaient peu et, même si j'essayais de mettre le plus d'efforts possible, je n'avais aucune motivation. J'ai décidé de prendre une pause le temps d'une session pour y réfléchir (cette pause s'est beaucoup allongée, haha !). Comme je l'ai dit plus haut, c'était une décision super réfléchie. **Ce n'est pas nécessaire d'arrêter l'école pour avoir une carrière sur les réseaux sociaux.** Tous les parcours sont différents et, à la fin, ce sont des décisions très personnelles. J'avais envie de mettre mon énergie dans des projets qui me tenaient à cœur, mais que je ne pouvais développer par faute de temps. C'était un grand risque à prendre. Je me rappelle l'avoir annoncé à mes parents, qui n'ont pas encaissé la nouvelle avec joie. Ce qui était bien normal, parce qu'ils tiennent à moi et s'inquiétaient pour mon futur. Une jeune fille de 18 ans qui arrête le cégep pour « faire des vidéos sur YouTube » ? Euh, j'aurais été inquiète aussi, à leur place ! Je pense que c'est une des raisons qui m'a motivée à redoubler d'efforts : il fallait que ça marche.

En janvier 2016, j'ai déménagé dans un tout petit appartement, seule. Dans la pièce qui devait être le salon, je me suis installé un décor de vidéos avec l'éclairage, les micros et les caméras. Sur vidéo, c'était magnifique. En vrai, je vivais dans un genre de studio de tournage et les gens trouvaient cela très étrange quand ils entraient chez moi. Je n'avais pas de canapé, de télé ou de salle à manger. C'était seulement deux murs remplis de déco qui allait bien dans mes vidéos et, de l'autre côté, tout l'équipement de tournage. Je filmais sans cesse et, quand j'avais fini, je faisais du montage ou j'allais acheter du matériel pour ma prochaine vidéo. Je pouvais faire ça tous les jours de la semaine. J'ai continué à publier du contenu sur les réseaux sociaux, soit des vidéos tous les dimanches, tout en me lançant dans la rédaction d'un premier livre et l'élaboration d'une collection de papeterie. J'ai mis un an à finaliser ces deux projets. À ma grande surprise, le livre est devenu un best-seller et ma collection s'est vendue en quelques semaines.

Je n'en revenais pas. C'était une si belle récompense après tous ces efforts. La suite pour moi était toute tracée : je voulais fonder ma propre compagnie. Jamais je n'aurais imaginé faire cela auparavant. Ce n'était pas dans mes centres d'intérêt, mais à force de rencontrer des gens dans le domaine et d'entendre parler de projets passionnants, cette idée s'est mise à me trotter de plus en plus dans la tête. J'avais envie de bâtir quelque chose qui m'appartiendrait à 100 %. De plus, avec les projets précédents, j'avais pu économiser assez d'argent pour investir sans emprunter d'argent à la banque. Je trouvais cela important, parce que je ne savais pas si le projet allait marcher, mais je savais que je ne voulais pas me retrouver avec des dettes. C'était stressant. Il me faudrait travailler très fort pour réussir.

## Ma collection de vêtements : LE gros projet

J'ai toujours aimé les vêtements (d'où ma tentative d'étudier en mode LOL !). L'école n'avait peut-être pas fonctionné pour moi, mais j'avais assez d'énergie et de passion pour faire fonctionner un projet dans ce domaine. J'avais toute la motivation du monde pour arriver à créer une collection par moi-même, étape par étape. La première a été d'aller choisir mes tissus. J'ai passé des heures chez des marchands de tissus spécialisés pour les compagnies de vêtements. J'avais fait mes recherches pour trouver les meilleurs. Je leur ai expliqué mon projet de collection et ces marchands, habitués de vendre de grandes quantités de tissus à de grosses marques que l'on connaît tous, me regardaient bien

bizarrement. J'avais le budget nécessaire pour acheter plusieurs rouleaux, que j'ai rapportés chez moi, puisque je n'avais pas encore de local. Les rouleaux prenaient le reste de la place que j'avais dans mon petit studio, haha! J'ai engagé une patroniste pour m'aider à dessiner mes vêtements, de façon que les couturières comprennent ce que je voulais. On a transformé mes croquis en dessins techniques. Elle a ensuite fait quelques échantillons semblables à ce que je souhaitais. Après quelques semaines, une fois les échantillons et les dessins terminés, je suis partie à la recherche d'une chaîne de production.

Je ne me suis pas posé la question bien longtemps: la collection allait être confectionnée à Montréal. Je voulais visiter l'usine avant d'engager qui que ce soit. Cela ne me dérangeait pas de payer pour que les vêtements soient faits près de chez moi et dans de bonnes conditions de travail pour les couturières. J'ai visité quelques usines avant de faire mon choix. C'est important de respecter ses valeurs lorsqu'on se lance dans un projet. Il faut réfléchir à ce qui est important pour nous et, souvent, cela détermine très vite le positionnement de la compagnie. Il faut se demander ce qui nous tient à cœur dans la vie, que ce soit le commerce local, l'environnement, ou autre chose.

Une fois la chaîne de production choisie, tout s'est déroulé rapidement. La production commençait en mai et je voulais annoncer le projet en juin. Tout est allé très vite. Même trop vite. Je ne suis pas retournée à l'usine durant la production, parce que j'avais tellement de choses à faire avant la grande annonce. Je devais terminer le site Web, organiser les séances photo, préparer les réseaux sociaux de la boutique et créer du contenu pour ceux-ci, en plus de tous mes autres projets. C'était intense. Un matin, le responsable de la production m'a finalement appelée pour m'annoncer que toute la collection était terminée. J'étais si contente! Tout rentrait donc dans l'ordre, tout était finalement prêt.

girl power

allo?

girl power

Je suis donc partie pour l'usine, bien contente d'aller chercher mes caisses de vêtements. Sur place, les boîtes m'attendaient déjà dans le stationnement. Certains de mes amis m'accompagnaient pour m'aider à ramener tous les vêtements chez moi avec plusieurs voitures. Nous avons chargé le tout et sommes retournés chez moi. Il ne me restait plus beaucoup de temps, puisqu'il fallait que je mette chaque pièce de vêtement dans son emballage.

J'ai ouvert les boîtes et là, **l'horreur.** Un des rouleaux de tissu utilisé pour concevoir les hauts avait un défaut. Il y avait plein de petites taches noires sur les vêtements. Nous avons dû regarder chaque morceau pour vérifier s'il était défectueux ou non. À la fin, il y avait des boîtes de carton remplies de pertes. J'étais dévastée, j'avais envie de pleurer et de me rouler en boule à chaque nouvelle pièce défectueuse. Et je n'étais pas au bout de mes peines. Après avoir ouvert les cartons des cotons ouatés, j'ai réalisé que... TOUTES les manches avaient été cousues À L'ENVERS. C'était une catastrophe. Il s'ensuivit une longue conversation (fort désagréable) avec la chaîne de production. Nous avons trouvé d'où provenait l'erreur et avons convenu que nous étions tous deux fautifs. Il manquait une information sur mes dessins et les gens de la production ont pris une décision sans me prévenir. Malgré tout, des centaines de hauts ne pouvaient pas être récupérés.

*La leçon est qu'il vaut mieux lancer un projet plus tard que prévu, plutôt que de tout faire trop vite et de risquer de commettre une erreur qui entraînera d'importants retards.*

Ma première erreur dans ce gros projet a été de me presser à chaque étape. Cette erreur m'a coûté beaucoup de temps. La collection est sortie en août. J'étais fâchée sur le coup, mais au final, tout est rentré dans l'ordre et ça n'a pas fait une grande différence. La leçon est qu'il vaut mieux lancer un projet plus tard que prévu, plutôt que de tout faire trop vite et de risquer de commettre une erreur qui entraînera d'importants retards. Maintenant, je fais chaque chose minutieusement. Je m'assure qu'il n'y a aucune erreur et que tout est bien réfléchi. Il **faut** prendre son temps.

Au moment où j'écris ce livre, je suis aussi en train de concevoir ma deuxième collection de vêtements. Laissez-moi vous dire que je n'ai pas envie de me retrouver avec des centaines de *sweatshirts* dont les manches sont À L'ENVERS. Haha ! J'y mets beaucoup plus de temps que pour la première. Pour l'instant, je suis seulement à l'étape de faire des dessins, de choisir les modèles et les tissus. Une fois que j'aurai fini tout ça, je vais contacter ma patroniste pour lui expliquer mes croquis et la collection. Elle fera ensuite un patron pour chacun des modèles et des échantillons des vêtements, que je vais essayer pour voir si ça donne bien ce que j'ai en tête. C'est ma partie préférée de tout le processus, car c'est là que se fait la création. J'aime choisir des motifs, des tissus, dessiner des vêtements et réfléchir à ce que j'aimerais porter. J'ai choisi, pour la deuxième collection, un *look* un peu plus rétro que pour la première. Il y a aussi un nouveau tissu ligné que j'adore. Je ne sais pas encore ce que je vais faire avec, mais il m'inspire beaucoup. Peut-être un pyjama ou un haut ! Il reste encore tellement de travail, mais j'ai hâte de voir ce que ça va donner.

## Bonnes habitudes d'entrepreneur : la gestion du temps

J'ai fait TELLEMENT de recherches dans des articles ou des livres pour être le plus efficace possible quand je travaille. Je suis la *queen* de la procrastination et c'est ma pire ennemie. Je travaille souvent chez moi et c'est tellement facile de procrastiner. Il y a des journées où je me sens invincible : je sais quoi faire, tout marche à la perfection, ma journée est super productive et je suis fière de moi. Le lendemain, je me sens extra *lazy* et je ne sais pas quoi faire de ma peau. Je fais défiler Facebook pendant une heure et je me sens super poche après. Il n'y a pas mille moyens d'éviter de procrastiner. Dans ces temps-là, je construis une liste de choses à faire, je prévois un bloc de temps réaliste pour les compléter et j'enlève tout ce qui pourrait me déconcentrer autour de moi ! Il ne faut pas non plus être trop sévère avec soi-même. Toutes les journées ne peuvent pas être parfaites et, de temps en temps, on est fatigué, on a mal dormi ou on n'est pas dans notre assiette. Ça arrive à tout le monde et il ne faut pas s'en faire. Mais si c'est seulement de la pure procrastination (comme moi,

haha !), il faut trouver des moyens qui aident à mieux se concentrer. Voici ce qui fonctionne pour moi.

Pour être efficace, il faut tout d'abord que je sache ce que je vais faire pendant la journée, la semaine et le mois. **Tenir un agenda** m'aide à y voir plus clair et à être moins stressée. Avant, j'essayais de me souvenir de tous mes rendez-vous ou je les notais sur des Post-it que je perdais la plupart du temps. Travailler comme ça, c'est super stressant parce qu'on oublie plein de choses. Mon agenda m'aide vraiment à m'organiser. Quand je sens que j'ai trop de choses en tête et que je manque de temps, je me penche sur ma planification. J'aime savoir ce qui m'attend. Je trouve parfois difficile d'être travailleur autonome, car personne n'est là pour me taper sur les doigts si quelque chose n'est pas remis ou fini à temps. Je n'ai pas de patron et ça m'incite à prendre tout de façon plus relax. C'est une mauvaise habitude, évidemment, parce qu'on perd de la motivation en fonctionnant ainsi. Je me force donc à fixer des échéances dans mon agenda, comme « avoir fini deux vidéos pour telle date », et j'essaie le plus possible de les respecter.

Au moment d'inscrire des choses dans mon agenda, je prends soin d'**évaluer les priorités**. Je dresse une liste de mes tâches importantes et je m'assure de les faire avant le reste. Aussi simple que cela. J'ai tendance à faire ce qui me plaît le plus en premier et à reporter ce qui me tente moins. Par exemple, je préfère aller me promener pour faire de belles photos et je déteste faire ma comptabilité. Ce n'est pas la meilleure technique, surtout quand il y a des dates limites ! À la fin du mois, quand je dois me taper une journée complète à gérer des factures, je me trouve nulle de ne pas l'avoir fait petit à petit les semaines précédentes. Je sais que ce n'est pas très tentant, mais il faut se motiver à ne pas attendre la dernière minute pour accomplir les choses moins plaisantes.

Si j'ai un gros projet devant moi ou un projet à long terme, j'essaie de **le décortiquer en plusieurs étapes et de les noter dans mon agenda**. C'est un des meilleurs trucs quand on commence quelque chose. Il me fait penser à l'expression « petit train va loin ». Quand j'ai un projet en tête, je suis souvent excitée et j'ai envie de tout faire trop vite. Mais pour avoir une ligne directrice bien précise, j'y vais par étapes. Par exemple, pour ma collection de vêtements, j'ai fait une planification sur une année complète avec une étape par mois : acheter les tissus, construire le site Web, dessiner les vêtements, etc. On concentre ainsi son énergie sur une partie du projet plutôt que sur l'entièreté, tout avance et devient de plus en plus structuré. Il faut seulement être patient et bien travailler. En faisant chaque chose correctement et dans l'ordre, on s'assure du succès d'un projet.

**Apprendre à dire non** et refuser certains projets est tout aussi important. Quand on n'a pas le temps, on n'a pas le temps. Il ne faut surtout pas dire « oui » à tout pour se retrouver ensuite angoissé et écrasé sous la charge de travail. Je l'ai fait très longtemps, dire « oui » à tout. En plus, j'ai vraiment de la difficulté à calculer le temps nécessaire pour faire une tâche. Parfois, j'accepte de rajouter un projet à ma liste de choses à faire en me disant que je le ferai le soir ou la fin de semaine, puis le projet me prend bien plus de temps que prévu et je panique parce que je n'y arrive pas. C'est un de mes plus gros défis, je pense. Et pourtant, c'est facile d'éviter ce genre de situation en calculant bien son temps et en n'acceptant pas tout.

MetroCard
UN WEEK-END À NEW-YORK.
NEW YORK

Vous aurez compris qu'il est important, dans tout cela, de se connaître et de **connaître sa méthode de travail idéale** ! Par exemple, je sais que je suis plus productive quand je suis dans un espace public, plutôt que toute seule chez moi. Je suis plus efficace lorsqu'il y a des gens autour de moi que lorsque je suis seule. Je suis plus créative le soir, mais plus concentrée le matin. Je sais aussi que je ne peux pas fonctionner sans mon agenda et que je le préfère en version papier. C'est important de comprendre comment on fonctionne et de s'en servir pour être le plus productif possible. Pour cela, il faut faire des tests et, au bout d'un moment, on se rend compte de ce qui nous convient le mieux. Quand j'ai commencé à travailler de la maison, je m'efforçais de respecter le rythme du « 9 à 5 ». Maintenant, je me lève plutôt vers 9 h, car je sais bien qu'avant cette heure-là, je ne sers absolument à rien. Je prends toujours une pause vers 13 h et je peux continuer beaucoup plus tard que 17 h, car je suis super inspirée en fin de journée.

J'essaie aussi de **trouver l'équilibre entre le travail et la vie personnelle**. C'est tellement important pour la santé mentale (sérieusement). Allez jusqu'à inscrire du temps libre dans votre agenda, s'il le faut. Le problème avec le fait d'aimer son emploi et d'avoir de gros projets, c'est qu'on finit par travailler tout le temps sans s'en rendre compte. Au bout d'un moment, ça devient trop prenant. Il faut savoir s'arrêter pour faire des choses qu'on aime, mais qui ne font pas partie de notre job. De mon côté, profiter du plein air ou voir ma famille marche à tout coup. J'essaie de le faire toutes les semaines, puisque ça m'aide à me sentir bien et à revenir au travail la tête plus légère et les idées plus claires. Le temps pris pour soi, c'est du temps bien investi et nécessaire pour être efficace. J'ai déjà pensé que c'était une perte de temps. Je ne voulais pas me reposer la fin de semaine parce que je me disais que je pourrais avancer tous mes projets. Mais c'est une grosse erreur qui m'a bien vite rattrapée, car j'ai fini par

*J'essaie aussi de trouver l'équilibre entre le travail et la vie personnelle. C'est tellement important pour la santé mentale (sérieusement).*

être complètement exténuée. C'est nécessaire de se vider la tête et de se reposer.

Je suis très douée pour m'en mettre beaucoup sur les épaules et surcharger mon agenda. Au début de ma carrière de YouTubeuse, je valorisais le fait d'avoir du «succès». J'étais fière quand les gens me disaient que je travaillais fort, que mes projets fonctionnaient ou que je réussissais. Cette reconnaissance me donnait envie d'aller encore plus loin et d'en faire plus, ce qui était positif... jusqu'à ce que cette motivation devienne malsaine. J'ai commencé à me dire que je ne prendrais une pause qu'une fois entièrement satisfaite, c'est-à-dire quand il n'y aurait plus de commentaire négatif sous mes vidéos, quand j'aurais un nombre précis d'abonnés, quand j'aurais atteint une certaine étape dans un projet, quand j'aurais réussi à faire telle ou telle photo ou vidéo. Je n'étais jamais contente de ce que je faisais parce que mes attentes envers moi-même étaient irréalistes. Être constamment trop dur envers soi-même est une attitude négative et déprimante qui nous pousse à penser que, peu importe ce qu'on fait, ce ne sera jamais assez bien. C'est la raison pour laquelle il est important, à l'occasion, de s'accorder une pause et de prendre du recul pour constater tout ce qu'on a accompli, que ce soit un gros projet, un examen particulièrement compliqué ou une étape difficile dans notre vie... Et c'est important de s'en féliciter ! Il m'arrive encore souvent d'être déçue de moi parce que je trouve que je n'en ai pas fait assez en une journée. C'est un état d'esprit à changer. J'apprends à être plus patiente, réaliste et fière de moi, une page d'agenda à la fois !

## Entrepreneuriat et finances

Je ne veux pas avoir l'air *boring*, mais depuis que je m'intéresse à mes finances, je trouve ça vraiment intéressant. Je ne m'y attardais pas vraiment avant et je faisais un peu n'importe quoi avec mon argent (LOL). Mais on est beaucoup plus relax quand on sait ce qui se passe, combien on a d'économies et où va notre argent. En affaires (et dans n'importe quel domaine), c'est sécurisant d'être en contrôle de ses comptes. Je ne savais pas à qui demander de l'aide pour comprendre mes finances, mais c'était tellement plus facile que prévu. Autour de moi, il y avait beaucoup de gens qui avaient envie de m'expliquer comment fonctionnent les impôts et les taxes, ou qui pouvaient me dire comment trouver un bon comptable. Bref, parlez-en autour de vous pour qu'on vous explique et pour qu'on vous aide avec tout ça. C'est compliqué et je n'avais jamais eu envie de m'y mettre, mais maintenant que je comprends de plus en plus, ça devient beaucoup moins effrayant ! LOL

En résumé, pour travailler efficacement, il faut être organisé, persévérer, adopter une attitude positive et développer un mode de vie sain ! Gardez toujours en tête qu'être reposé et bien avec soi-même, c'est beaucoup plus important que de travailler sans arrêt. C'est aussi super important de respecter ses valeurs et de faire ce qu'on aime. J'aurais aimé que quelqu'un me donne ces conseils lorsque j'ai commencé ma carrière, alors j'espère qu'ils vous seront utiles !

# Conclusion

Vous voilà finalement arrivé à la fin de *Pastel*. C'est une aventure immense que je suis si fière d'avoir menée à terme une deuxième fois ! On sous-estime le travail qui se cache derrière un livre. Les idées, l'écriture, les photos, la maquette... tout ça prend des mois et des mois. En même temps, j'aime tellement chacune de ces étapes... J'ai eu beaucoup de fun à le préparer pour vous et j'espère sincèrement que le résultat final vous a plu. Si c'est le cas, tout ce travail en aura valu la peine !

Ces dernières années, j'ai dû prendre du recul face aux réseaux sociaux et à mon travail. J'ai réalisé que c'était parfois moins évident de savoir ce qu'on veut faire dans la vie et qu'on pouvait être fatigué même si notre boulot nous passionne. J'ai surtout compris qu'il est normal de douter par moments et de ne pas être top efficace tout le temps. Au risque de me répéter, l'important, dans ces moments-là, c'est de se faire confiance et de prendre soin de soi ! J'espère donc que vous avez trouvé, dans les pages de ce livre, quelques bonnes astuces et réflexions pour mener une vie à votre image.

Pour finir, je tiens à vous adresser un gros MERCI ! Vous me dites souvent que j'ai un impact sur vos vies. Soyez assuré que vous changez également la mienne tous les jours. J'ai TELLEMENT d'amour pour vous et j'espère vous voir pendant la tournée de signatures ! (AAAH TROP HÂTE ! Héhé !) OK BYE !

Emma

## Remerciements

Merci à toute l'équipe des Éditions de l'Homme. Votre soutien m'est très précieux et ce livre ne serait pas le même sans vous.

Merci à mon agence, Le Slingshot, de continuer à croire en moi jour après jour. Gabrielle, David, Jeanne, Injy et Célia, vous êtes une équipe en or.

Merci à l'unique photographe à qui je pourrais confier les photos de n'importe lequel de mes projets : Valérie. Ton aide et ton soutien sont toujours aussi inestimables année après année. Quelle belle équipe on fait !

Merci à Vestibule, Buk&Nola, VdeV, Zone, Boardie et Coeur d'artichaut pour les accessoires présentés dans le livre, tous plus *cutie* les uns que les autres ! J'ai beaucoup d'amour pour les boutiques montréalaises. Faire les photos du livre avec des produits aussi magnifiques que les vôtres a été un vrai plaisir.

Une mention toute spéciale à Rosalie et Éloïse, qui m'ont apporté leur aide dans des chapitres qui traitent de sujets qui me passionnent, mais dont je n'aurais jamais pu parler seule. Votre expertise et votre touche créative ajoutent quelque chose de très spécial à ce livre.

Merci aux *YouTube friends* qui ont eu la gentillesse de répondre à mes questions pour le chapitre sur la création de contenu. Je suis fière de vous avoir comme collègues de travail et, surtout, comme amis.

J'envoie finalement tous mes remerciements à vous, fidèles abonnés et lecteurs ! Rien de tout ça ne serait possible sans votre présence.

Cet ouvrage a été achevé d'imprimer en France
par Loire Offset Titoulet à Saint-Etienne